Crânios de Cristal

Incríveis Portais para o Passado

Conforme Novo Acordo Ortográfico

David Hatcher Childress
Stephen S. Mehler

Crânios de Cristal

Incríveis Portais para o Passado

Tradução:
Ana Carolina Verbena

MADRAS

Publicado originalmente em inglês sob o título *The Crystal Skulls* por Adventures Unlimited Press.
© 2008, David Hatcher Childress e Stephen S. Mehler
Direitos de edição e tradução para todos os países de língua portuguesa.
Tradução autorizada do inglês
© 2009, Madras Editora Ltda.

Editor:
Wagner Veneziani Costa

Produção e Capa:
Equipe Técnica Madras

Tradução:
Ana Carolina Verbena

Revisão:
Silvia Massimini Felix
Sergio Scuotto
Aline Naomi Sassaki

Dados Internacionais de Catalogação na Publicação (CIP)
(Câmara Brasileira do Livro, SP, Brasil)

Childress, David Hatcher
  Crânios de cristal: incríveis portais para o passado/David Hatcher Childress, Stephen S. Mehler ; [tradução Ana Carolina Verbena]. – São Paulo: Madras, 2009.
  Título original: The crystal skulls.
  "Conforme novo acordo ortográfico".

  Bibliografia.
  ISBN 978-85-370-0460-9
    1. Crânios de cristal 2. Ciências ocultas
    I. Mehler, Stephen S.. II. Título.

Proibida a reprodução total ou parcial desta obra, de qualquer forma ou por qualquer meio eletrônico, mecânico, inclusive por meio de processos xerográficos, incluindo ainda o uso da internet, sem a permissão expressa da Madras Editora, na pessoa de seu editor (Lei nº 9.610, de 19.2.98).

Todos os direitos desta edição, em língua portuguesa, reservados pela

MADRAS EDITORA LTDA.
Rua Paulo Gonçalves, 88 — Santana
CEP: 02403-020 — São Paulo/SP
Caixa Postal: 12299 — CEP: 02013-970
Tel.: (11) 2281-5455 — Fax: (11) 2959-3090
www.madras.com.br

Dedicatória:

*Para F.R. "Nick" Nocerino e Françoise Beaudoin.
Agradecemos a Marcel Vogel; Michael Campbell; Theresa Crater;
Khrys Nocerino e família; JoAnn e Carl Parks; Max, Joseph e
Marylee Swanson; Richard Shafsky; Andrea Skipper e a Rede NBC; John
Zamora; Francisco Reyes; Jim Honey; Jennifer Bolm; e todos os outros
que nos ajudaram com este livro.*

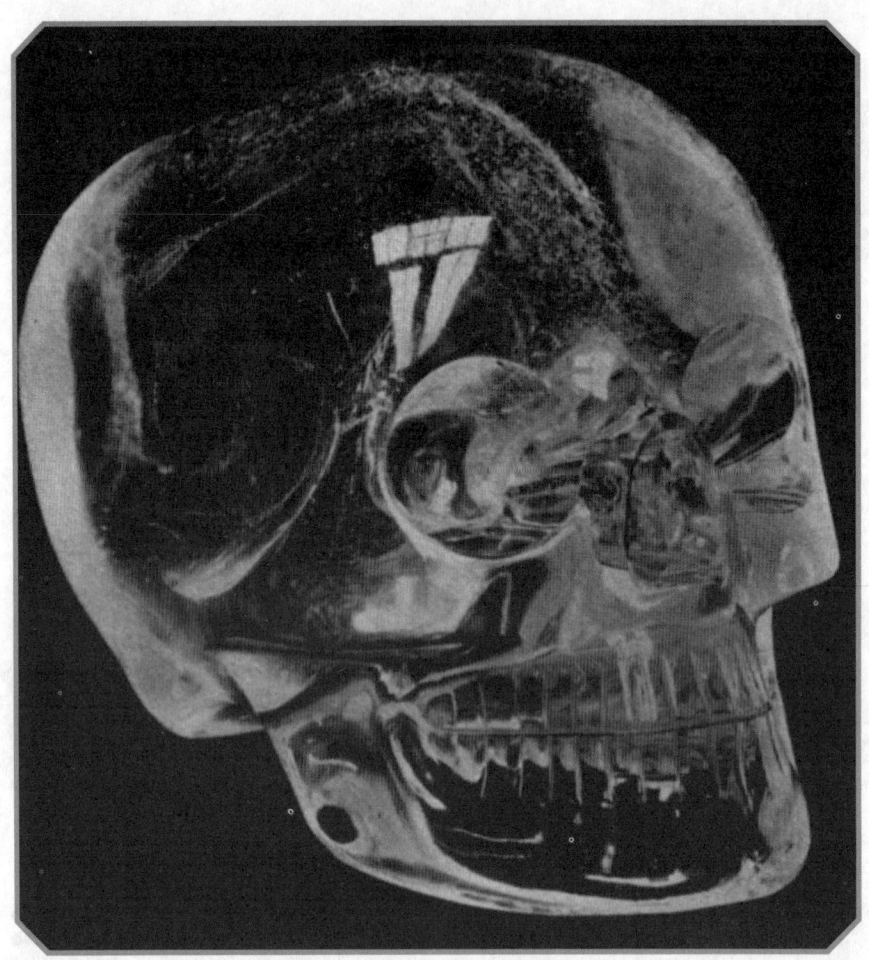

O crânio de cristal do Museu Britânico. O cartão postal desse crânio de cristal é o mais vendido na loja de presentes do museu, embora os crânios de cristal tenham sido retirados de exposição por causa de dúvidas sobre sua autenticidade.

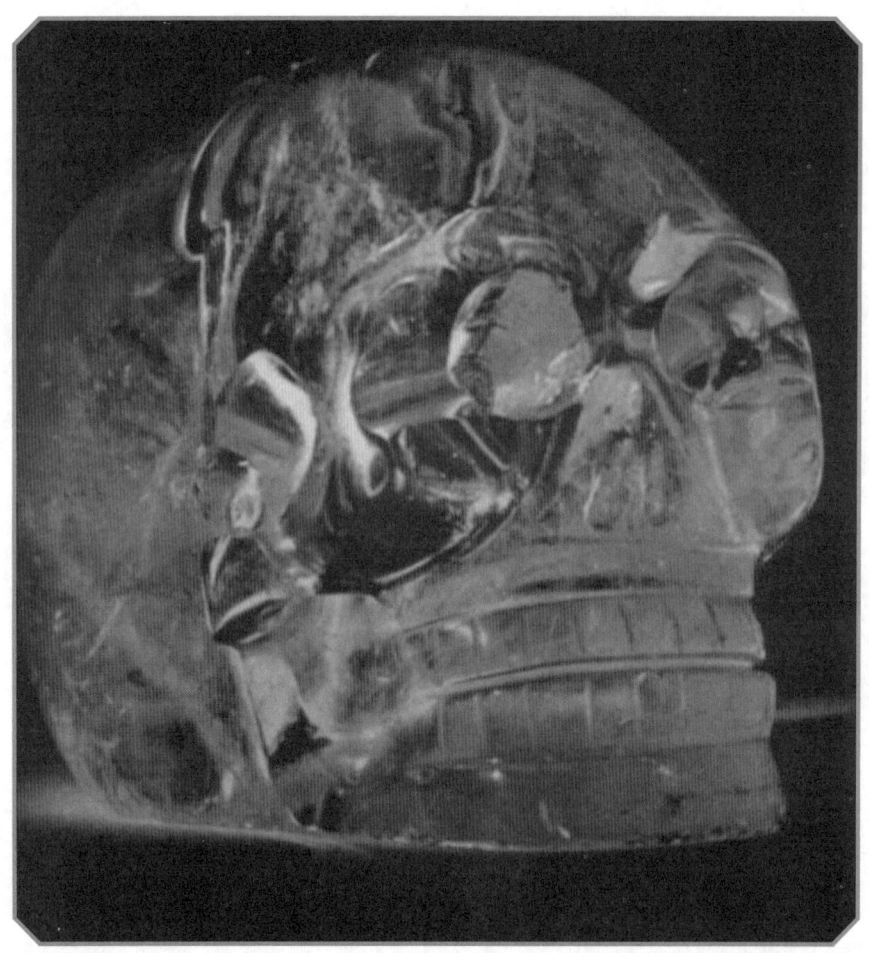

O crânio de cristal do Museu de Paris. É menor que uma cabeça humana e foi identificado como sendo de origem asteca. Acredita-se que tenha adornado a ponta de um cetro.

Índice

Parte Um
Por David Hatcher Childress

1. Introdução 13
2. Os astecas e a Mesoamérica: a terra dos crânios de cristal............ 35
3. A coleção mágica de crânios de cristal do imperador mexicano..... 61
4. F.A. "Mike" Mitchel-Hedges e o Crânio da Morte 89

Parte Dois
Por Stephen S. Mehler

5. F.R. "Nick" Nocerino: o papa dos pesquisadores
de crânios de cristal 131
6. Outros crânios de cristal 145
7. Pesquisas sobre os crânios de cristal 155
8. Max, o crânio de cristal do Texas....................................... 173
9. Conclusões 187
Bibliografia.. 205

Parte Um
Por David Hatcher Childress

Parte Um

Por David Hatcher
Childress

Capítulo 1

Introdução

Treze Paraísos, cada vez menos escolhas
Nove Infernos, cada vez mais destruição...
E a Árvore da Vida irá dar frutos
Nunca antes vistos na Criação
— Tony Shearer, Quetzalcoatl: Lord of the Dawn [*Quetzalcoatl: Senhor do Amanhecer*]

Já faz anos desde a primeira vez em que estive na cidade perdida de Lubaantun. Em 1991 eu estava viajando pela Guatemala e por Honduras, e decidi me desviar da rota e dar um pulo em Belize, as antigas Honduras Britânicas. As estradas ao norte da floresta de Petén, Guatemala, onde eu me encontrara algumas vezes com seringueiros conhecidos como *chicleros*, eram famosas por suas péssimas condições. Ao atravessá-las e chegar a Belize, país menor e mais rico do que a Guatemala, fiquei impressionado com as estradas recém-asfaltadas, as inúmeras lojas e os bons restaurantes.

Meu objetivo, ao ir até Belize, era examinar algumas das antigas ruínas, em especial as de Lubaantun, o sítio arqueológico onde supostamente se havia encontrado o famoso Crânio de Cristal Mitchell-Hedges. A viagem revelou ser o início de uma fascinação duradoura por crânios de cristal, artefatos antigos e ruínas mesoamericanas.

Naquela viagem, fui de ônibus até a cidade de Belize, de onde segui para o sul até Punta Gorda, que permitiria acesso à cidade perdida de Lubaantun. Já se passaram 15 anos desde então. Durante todo esse tempo, encontrei-me diversas vezes com Anna Mitchell-Hedges e pude examinar pessoalmente o famoso crânio Mitchell-Hedges.

Em 1995, Anna havia levado o crânio de sua casa em Kitchener, Ontario, até o World Explorers Club, em Kempton. Meu velho amigo Jim Honey a acompanhara. Examinando o crânio na mesa de bilhar na sede do clube, espantei-me com a transparência do quartzo usado nele e com o fato de que sua mandíbula era móvel. Saber que havia sido o centro de tanta atividade "paranormal" nos dava um certo medo. Tiramos fotos do crânio, com e sem Anna, e o admiramos por algumas horas.

Então era hora de Anna e o crânio irem embora. Ela o pôs em uma caixa redonda azul-claro de guardar chapéus, que parecia feita para conter o crânio. Com o estalar de algumas fechaduras, Anna trancou o crânio em segurança na caixa e voltou de carro para o Leste.

Depois de sua partida, eu estava fazendo faxina na sede do clube quando notei que nosso console de videogame, uma versão de Pacman, havia sido deixado ligado durante a tarde. Olhei para o jogo. Estava completamente congelado: a tela havia se apagado durante a visita do crânio, coisa que nunca acontecera antes.

Eu não tinha dúvidas de que o crânio de cristal era o responsável pelo fenômeno. Desliguei o videogame e tornei a ligar. Ele voltou à vida como se nada houvesse acontecido, e continuou funcionando perfeitamente.

Sentei-me por alguns momentos e pensei sobre o ocorrido. Como é que o crânio de cristal poderia ter feito isso? Seria apenas uma coincidência? Teria algum sinal ou campo eletrônico do crânio afetado os circuitos eletrônicos de quartzo no videogame? Certamente acontecera algo do tipo. Minha fascinação por crânios de cristal aumentara.

Assim como o outro autor deste livro, meu colega Stephen S. Mehler, eu tenho alguns crânios de cristal, embora a coleção dele seja bem maior que a minha. Meus crânios medem apenas algumas polegadas de altura, são feitos de um quartzo relativamente transparente e se parecem com os clássicos pequenos crânios "astecas". Já vi crânios idênticos aos de minha coleção no Museu de Antropologia da Cidade do México e em outros museus; os meus, no entanto, não são antigos. Foram esculpidos há dez ou vinte anos, provavelmente em quartzo brasileiro. Comprei um deles no Peru e outro perto de Santa Fé, Novo México. Meus crânios de cristal não têm nomes (não ainda, pelo menos).

Como o leitor vai descobrir durante a leitura deste livro, há enigmas genuínos associados aos crânios de cristal, além de uma série de alegações das mais variadas. Algumas parecem absurdas, enquanto outras parecem fazer sentido – embora não sejam necessariamente verdade! Pesquisas sobre crânios de cristal podem tanto ser conduzidas a partir de testes e exames precisos quanto a partir de leituras paranormais bizarras impossíveis de provar. Muito do material relativo aos crânios pode ter sido fabricado ou falsificado, e as idades e origens dos objetos podem ter sido ocultadas. Mas uma coisa é certa: crânios de cristal são reais!

Quartzo é o segundo mineral mais abundante na face da Terra, depois do feldspato, e tem sido encontrado em meteoros. É um dos principais compostos da areia e do cascalho, e está presente em praticamente todas as rochas, sejam elas ígneas, metamórficas ou sedimentares. É o principal mineral que compõe pedras preciosas, incluindo citrino, jaspe e ágata. O quartzo puro é incolor, mas traços de outros minerais podem lhe conferir as cores branca, rosa, fumê ou leitoso, ou roxo cor de ametista. O quartzo de ametista é roxo devido ao elemento lítio, o mesmo usado no tratamento de pessoas com transtorno bipolar ou maníaco-depressivo.

O quartzo é uma rocha extremamente dura. Na escala Mohs, que quantifica a dureza dos minerais, tem valor sete. Topázio tem valor de dureza oito; o coríndon, nove. Diamantes têm valor de dureza dez e são o mineral mais duro que se conhece. Acredita-se, normalmente, que ferramentas com ponta de diamante, ou pó de diamante, sejam utilizadas para produzir a maioria dos crânios de cristal, uma vez que diamante é um dos poucos minerais que excedem o quartzo na escala de dureza.

A estrutura do quartzo é composta por "tetraedros de sílica", cujo formato ideal é um prisma de seis lados que termina em pirâmides de seis lados em cada ponta. Cristais de quartzo podem agrupar-se e interligar-se, mostrando, portanto, apenas parte do formato descrito, parecendo-se com uma massa gigante de cristais. Mas a estrutura cristalina subjacente tem padrões internos moleculares regulares, repetidos e geometricamente dispostos; assim, confere ao quartzo muitas de suas interessantes propriedades, tornando possível acreditar que crânios de cristal sejam armazéns de conhecimento antigo.

No livro *The New Conspiracy Reader* [Novo almanaque das teorias da conspiração], os autores Hiddel e D'Arc afirmam o seguinte:

> A habilidade dos cristais de armazenar informações é hoje bastante conhecida. De acordo com a edição da *Newsweek* de 4 de setembro de 1994, físicos da Universidade de Stanford apresentaram o primeiro modelo inteiramente digital de um armazenador de informações holográficas dentro da estrutura subatômica de um cristal. Os cientistas foram capazes de armazenar e depois resgatar uma imagem holográfica da Mona Lisa. O cristal em questão tinha apenas 163 kbytes de memória, mas supõe-se que essas unidades holográficas tenham capacidade para armazenar até um milhão de megabytes. A curta reportagem também dizia que cristais armazenam informação em três dimensões e podem ser dez vezes mais rápidos do que os mais rápidos sistemas disponíveis atualmente.

Em seu artigo sobre computadores quânticos para a Technology Research News (endereço na internet: trnmag.com), Eric Smalley escreveu que uma equipe de pesquisadores dos Estados Unidos e da Coréia conseguiu armazenar um pulso de luz em um cristal, e depois reconstituí-lo. Isso é significativo, uma vez que informação quântica é sabidamente frágil; a habilidade de armazená-la em um cristal seria um avanço nas possibilidades de se construir um computador quântico (que funcionaria, teoricamente, a velocidades muito maiores do que hoje é possível). Tal feito já havia sido obtido com a utilização de gases como material de armazenagem, mas o uso do cristal aumentaria o volume de informações a ser armazenadas e o tempo limite de armazenagem; o cristal também poderia ser muito mais facilmente integrado em outros sistemas. Smalley descreve o processo da seguinte forma:

> Os pesquisadores dispararam um controle de feixes *laser* dentro dos átomos do cristal [silicato de ítrio] para sobrecarregá-los com fótons. Ao mesmo tempo, enviaram um pulso de luz mais fraco de frequência diferente para dentro do cristal. A interação entre esse pulso mais fraco de luz e os átomos sobrecarregados do cristal criou uma resistência que diminuiu o pulso para 45 metros por segundo, ou 160 quilômetros por hora. A luz atravessa o vácuo a 300 mil quilômetros por segundo.

> Quando os pesquisadores desligaram o controle de feixes *laser*, o pulso de luz mais lento desapareceu, mas deixou uma impressão nos átomos do cristal. Quando eles tornaram a ligar o controle de feixes, o pulso foi reconstituído a partir da informação armazenada nos átomos, e continuou viajando através do cristal.

Embora o caminho seja longo até que se desenvolva, de fato, um chip de memória quântica, esses experimentos com cristais parecem promissores. Pesquisas mais recentes dão um passo à frente no uso de cristais para o processamento de informação, experimentando com o material definitivo em termos de armazenamento de informação: DNA! No artigo intitulado "Cristais aderentes de DNA trazem novas perspectivas para o processamento de informação", da *Science Daily* (7 de fevereiro, 2003), o autor escreve:

> Uma equipe conduzida por Richard Kiehl, professor de Engenharia Elétrica da Universidade de Minnesota, utilizou-se da "aderência" seletiva do DNA na construção de uma armação que aproxima bastante as nanopartículas entre si, de forma que possam trocar dados em uma escala de apenas dez angstroms (um angstrom equivale a dez bilionésimos de um metro). (...)

> Com esses cristais de DNA, poderemos aproximar o material de forma que as interconexões sejam bastante curtas. Se pudermos arranjar nanopartículas a uma distância de 20 angs-

troms entre si dentro da armação de cristal de DNA, teríamos chips que poderiam armazenar 10 trilhões de bits por centímetro quadrado, ou cem vezes mais informações do que a memória D-RAM de 64 gigabytes prevista para 2010. Demos o primeiro passo em direção a esse objetivo ao demonstrar como montar componentes em escala nano dentro de estruturas periódicas", diz Kiehl.

Com o tempo, um chip feito de cristais de DNA e nanopartículas poderia ter utilidade em aplicações como o processamento de imagens em tempo real, segundo Kiehl. Nanocomponentes poderiam ser agrupados em células semelhantes a pixels, que processariam a informação internamente e também "falando" com outras células. Como resultado, teríamos a melhoria da filtragem de ruídos e a detecção de limites de superfícies ou movimento. Algum dia, a tecnologia poderá até ajudar computadores a identificarem imagens com velocidade similar à dos olhos e do cérebro humanos, de acordo com Kiehl.

Mais pesquisas incríveis envolvendo o DNA e sua estrutura cristalina vêm sendo realizadas para tentar resolver os mistérios da origem da vida e do processo de evolução. Na introdução de seu ensaio "Self Replication and Evolution of DNA Crystals" [Autoreplicação e evolução de cristais de DNA], os pesquisadores Rebecca Scorrhulman e Erik Winfree, da CalTech, escreveram:

> Seria possível criar um sistema físico simples capaz de se autorreplicar? E poderia tal sistema desenvolver comportamentos interessantes, permitindo-se assim a adaptação a uma variada gama de meios ambientes? Este ensaio apresenta um projeto para um replicador do tipo construído exclusivamente a partir de DNA sintético. A base do replicador é a formação do cristal: a informação é armazenada nos conjuntos de monômeros [moléculas orgânicas simples que podem se unir a outras, formando longas cadeias] e copiada de camada em camada por meio de moldes. A replicação é alcançada pela fragmentação de cristais, que produzem novos cristais que carregam a mesma informação. (...) Uma inovação importante em nosso trabalho é que, ao usar pedaços de DNA programáveis na forma de monômeros de cristal, podemos projetar processos de formação cristalina que aplicarão pressões seletivas interessantes nas sequências em formação.

A IBM tem participado do desenvolvimento de um Sistema de Armazenamento de Informação Holográfica em conjunto com a DARPA, a Agência de Projetos de Pesquisa Avançada para Defesa dos Estados Unidos.

Eles têm conseguido armazenar milhares de imagens holográficas em um único cristal de niobato de lítio por meio de um processo de disparo de feixes *laser* para dentro do cristal. Um feixe leva a informação a ser armazenada dentro do objeto e outro age como um feixe de referência. De acordo com uma página da IBM na internet: "A informação é armazenada quando o padrão de interferência criado pelos dois feixes muda as propriedades ópticas do cristal dentro da região de interseção. Hologramas múltiplos podem ser armazenados no mesmo volume ao se alterarem os ângulos dos feixes. Para leitura, um feixe de referência projetado no cristal reconstrói seletivamente (de acordo com seu ângulo de entrada) apenas um dos mil hologramas sobrepostos, produzindo o feixe apropriado com informação armazenada (...)". Também desenvolveram uma característica de "recuperação associativa", em que "um padrão de informação é projetado no topo do cristal, armazenando milhares de hologramas. Os hologramas armazenados desviam a luz que entra para o lado do cristal, com os pontos mais brilhantes identificando a localização dos dados que mais se assemelharem ao padrão da luz que entra". Está claro que essa característica é de suma importância, caso os cristais holográficos armazenem enormes bancos de dados a ser pesquisados com rapidez.

Como se pode ver, a tecnologia de ponta faz uso dos cristais para armazenar e processar informações, e seu sucesso deve-se à própria natureza dos cristais. A informação pode ser armazenada de forma ordenada, replicável e recuperável. Seria tão absurdo pensar que uma civilização anterior tecnicamente avançada pudesse ter desenvolvido tais capacidades e talvez usado crânios de cristal para armazenar informação? Ou mesmo que esses mesmos fins tenham sido alcançados de forma intuitiva?

Para se fazer um crânio grande de cristal, digamos, do tamanho de um crânio humano, o escultor precisaria de um pedaço bastante grande de cristal de quartzo. Alguns chegam a ter vários metros de comprimento e a pesar toneladas. Obter cristais de quartzo grandes e translúcidos poderia ser bem difícil, particularmente nos tempos antigos. Há jazidas de grandes cristais de diferentes qualidades no Brasil, Peru, México, Califórnia, Arkansas e outras áreas das Américas. Jazidas de grandes cristais de quartzo também são encontradas na África, na Europa e na Ásia, mas grande parte dos cristais de quartzo de qualidade, translúcidos, vem hoje em dia do Brasil.

Ouro e prata são frequentemente encontrados perto do quartzo, cujos cristais podem conter lindos fios de ouro que se formaram próximos. Cristais de quartzo têm um eixo de rotação e são capazes de girar o plano de polarização da luz que passa através deles. Também são alta-

mente piezoelétricos, tornando-se polarizados com carga negativa em uma ponta e uma positiva na outra, quando submetidos a pressão. As propriedades piezoelétricas dos materiais naturais, como o quartzo e os sais, foram observadas pela primeira vez pelos irmãos Curie, Pierre e Jacques, nos anos de 1880, quando descobriram que esses materiais podiam converter energia entre mecânica (pressão) e elétrica (cargas).

Os cristais de quartzo vibram quando uma corrente elétrica alternada é aplicada a eles e, por essa razão, vêm se mostrando importantes comercialmente. Osciladores de quartzo foram desenvolvidos em 1921, e uma de suas primeiras utilizações foi em agulhas de fonógrafos. A piezoeletricidade também faz com que sejam componentes ideais de microfones, autofalantes, medidores de pressão, ativadores, ressonadores e relógios.

Cristais de quartzo também podem ser sintetizados por meio de um processo hidrotermal em um aparelho conhecido como autoclave. Os primeiros cristais de quartzo artificiais foram produzidos em 1958. Esses cristais são mais perfeitos do que os naturais, e são usados na indústria de alta tecnologia. Estão presentes em milhões de circuitos eletrônicos, incluindo computadores.

Na verdade, todas as inúmeras qualidades impressionantes do quartzo tornam-no o material ideal para experimentos "paranormais" e "de luz". Teoricamente, um pedaço de cristal de quartzo ou um crânio de cristal poderiam reagir, e reagiriam, ao que estivesse em volta, incluindo luz, eletricidade, pressão, som, vibrações de todos os tipos e provavelmente ondas de pensamento e campos elétricos humanos. O site crystallinks.com traz algumas ideias sobre como isso seria possível:

> A pesquisadora Marianne Zezelic (...) escreveu: "O cristal é um acumulador de magnetismo terrestre. Ao olharmos para o cristal, os olhos estabelecem uma relação harmônica, estimulando o magnetismo acumulado naquela porção do cérebro conhecida como cerebelo. O cerebelo torna-se, então, uma espécie de reservatório de magnetismo que influencia a qualidade do fluxo magnético que sai dos olhos, estabelecendo, assim, um magnetismo contínuo entre o cristal e seu observador. A quantidade de energia fluindo para o observador acaba aumentando em tais proporções que afeta os polos do cérebro, localizados em uma região pouco acima dos olhos, contribuindo assim para os fenômenos psíquicos".
>
> Avançando mais a ideia, Tom Bearden, especialista em estudos psicotrônicos, acredita que um mediador hábil poderia, por meio da focalização mental, tornar o crânio de cristal um veículo não apenas de transformação da energia vital em energia eletromagnética, entre outros efeitos físicos, mas também de ajuda à cura: ele alteraria sua ressonância cristalina para

combinar com a ressonância da mente e do corpo do paciente, afetando [sic] energias curativas no crânio que se manifestariam no campo áurico deste. O crânio seria, então, utilizado como um ampliador e transmissor de forças psíquicas e energéticas da terra.

Mais informações desse tipo podem ser encontradas no trabalho de Marcel Vogel, pesquisador da IBM que passou 17 anos testando cristais e sua interação com a energia humana. Ele aperfeiçoou um corte especial de cristais (chamado "Vogel-cut") para ampliar ao máximo a característica cristalina de combinar influências psíquicas e de cura. Ele mesmo resume bem seu trabalho: "O cristal é um objeto neutro cuja estrutura interna apresenta um estado de perfeição e equilíbrio. Quando é cortado no formato ideal e quando a mente humana entra em interação com sua perfeição estrutural, o cristal emite uma vibração que se estende e amplia o poder da mente de quem o utiliza. Como um *laser*, o cristal irradia energia de forma coerente e altamente concentrada, e essa energia pode ser transmitida à vontade para objetos e pessoas".

Grande número de fenômenos incomuns tem sido associado a crânios de cristal. De acordo com Frank Dorland, o especialista em artes e restauração que estudou o crânio de cristal Mitchell-Hedges por seis anos, os olhos do crânio eram frequentemente vistos acesos. Eles acendiam e apagavam como se estivessem vigiando o observador, e visitantes relatavam odores e sons estranhos, além de vários outros efeitos luminosos vindos do objeto. Fotografias bizarras foram tiradas de "figuras" que às vezes se formavam dentro do crânio, incluindo imagens de objetos voadores (ÓVNIs ou discos voadores) e do que parecia ser o observatório Caracol no sítio arqueológico tolteca-maia de Chichén Itzá. A incrível capacidade de crânios de cristal para criar fenômenos incomuns é agora bem conhecida e atrai todos os tipos de pessoas em busca de mais informações.

Crânios de cristal, reais ou imaginários, aparecem em noticiários de tempos em tempos, e todo mundo parece ficar bastante animado. Christopher O'Brien, autor de *Secrets of the Mysterious Valley* [Segredos do Vale Misterioso], relata a história do "crânio de cristal" encontrado em um rancho perto de Moffat, Colorado, em fevereiro de 1995. O fato causou certo rebuliço nos jornais locais durante algum tempo. Diz O'Brien:

> Donna Koch (nome verdadeiro) afirmou ter encontrado o enigmático crânio de 16,5 centímetros de altura em fevereiro de 1995, enquanto cavalgava pelas fronteiras de seu rancho recém-adquirido. Eu divulguei o fato e imediatamente o artefato de "aparência alienígena" capturou a imaginação de muitos, enquanto fatos instigantes sobre o "achado" corriam o mundo. Canalizadores, paranormais e fanáticos por cristais organizaram um evento Nova Era no campo, com presença

do pequeno crânio. O "encontro da lua cheia", na vila White Eagle, atraiu muitos curiosos de lugares longínquos, como Arizona e Minnesotta. Artigos apareceram até nas publicações internacionais (curiosamente, com a maioria dos fatos completamente errada).

Descobri, ao contrário da crença popular, que o crânio não havia sido feito por alienígenas, lemurianos ou curandeiros mesoamericanos. Fora criado por Brad Chadez, um vidreiro da Blake Street Glass, empresa de Denver. "Sinto que tudo tenha ido tão longe", disse-me Chadez, 31. "Meus pais são vizinhos do rancho [dos Koch] e deixamos o crânio ali no canto nordeste da propriedade, como pedra angular."

"Passei a fazer os crânios para vender no Novo México durante o Festival do Dia dos Mortos", disse Chadez. "Meus pais compraram o rancho [de Moffat] há 16 anos e estão planejando construir uma casa na propriedade. Pusemos o crânio ali como um talismã, e não imaginávamos que alguém pudesse achá-lo."

Assim, o crânio de cristal do Colorado era na verdade um crânio moderno de vidro inocentemente colocado em um rancho, mas que acabou causando uma bela comoção. E, como normalmente acontece quando se trata desses objetos, havia paranormais querendo captar impressões, particularmente quanto à origem do crânio. Esse caso ilustra o interesse que os crânios de cristal despertam em muitas pessoas, tendo, definitivamente, alcançado a cultura *pop*.

Segue uma lista resumida de crânios mágicos presentes na cultura *pop* (é espantoso, mas a lista poderia não ter fim):

TV e Cinema

- O tão esperado quarto filme da série Indiana Jones, lançado em 2008, chama-se *Indiana Jones e o Reino da Caveira de Cristal;*
- Na tira de quadrinhos "O Fantasma", crânios de cristal apareceram várias vezes. A trama do filme de 1996, baseado na tira, envolvia poderosos crânios mágicos de jade, ouro e prata, mas não de cristal;
- O episódio 321 da série de TV Stargate SG-1 tinha um crânio de cristal como artefato que havia sido deixado por uma antiga civilização alienígena. Ele transportava pessoas entre a Terra e o mundo dos antigos alienígenas que o haviam criado, e também permitia que elas fossem enviadas a outro mundo caso o teletransporte fosse interrompido antes de terminar;

- Todos os tipos de fantasmas paranormais no filme de 1987 *A casa do espanto*, misto de terror e comédia, saem à caça de um crânio de cristal de poderes místicos;
- No filme para TV de 2006 *The Librarian: Return to King Solomon's Mine* [O Bibliotecário: Retorno às Minas do Rei Salomão], o bibliotecário (que cuida de uma fantástica coleção de artefatos místicos e poderosos coletados de todas as eras) é visto incluindo um crânio de cristal na coleção.

Publicações Impressas e Rádio

- Um crânio de cristal aparece em várias aventuras radiofônicas de Jack Flanders, que passavam na NPR e em outras estações desde 1970;
- A série de ficção científica *Atlantis*, por Greg Donegan (Bob Mayer), sugere que os crânios de cristal tenham sido criados durante uma batalha contra "a sombra", durante a qual as energias psíquicas liberadas haviam suplantado a sacerdotisa de Atlântida (e seus descendentes) e cristalizado o osso vivo de seus crânios;
- No romance *The Fifth Horseman: a Sleepy Hollow Legend* [O Quinto Cavaleiro: uma Lenda do Cavaleiro Sem Cabeça], de Greg Gonzalez, um crânio de cristal é utilizado para aprisionar a alma do cavaleiro sem cabeça, sendo então escondido na esperança de evitar que o cavaleiro retorne;
- Um crânio de cristal teve papel importante na série literária *The Secret Circle* [O Círculo Secreto], de L.J. Smith. Era uma ferramenta mestra do grupo de bruxos original de New Salem, e no último livro ele é transformado no crânio do próprio vilão.

Jogos

- Um crânio de cristal pode ser encontrado no videogame "Return To Castle Wolfenstein", como um dos itens secretos valiosos;
- No jogo de aventura para PC Nancy Drew, lançado em outubro de 2007, a detetive de cabelos dourado-ruivos viaja para Nova Orleans com sua amiga Bess para desvendar um assassinato ligado a crânios de cristal;
- No videogame "Piratas do Caribe: a lenda de Jack Sparrow", o protagonista Jack Sparrow e seu amigo Will Turner são capturados no Panamá ao tentarem roubar um crânio de cristal;
- No jogo "Assassin's Creed" [O Credo do Assassino], de 2007, um e-mail dentro do jogo afirma que uma seita moderna de cavaleiros

templários vem encontrando e utilizando alguns dos crânios Mitchell-Hedges como formas seguras de comunicação;
- O jogo de cartas colecionáveis "Illuminati: New World Order" [Illuminati: nova ordem mundial] tem uma carta do Crânio de Cristal.

Música

- O lançamento *Blood Mountain* [Montanha Sangrenta], 2006, da banda de metal Mastodon, tem uma faixa chamada "Crystal Skull" [Crânio de Cristal]. O álbum inteiro é baseado no conceito de se achar um crânio de cristal;
- Há uma banda *indie* de Seattle chamada "Crystal Skulls";
- Os artistas de trance psicodélico Raja Ram gravaram dois álbuns sobre crânios de cristal: um intitulado "The Mystery of the Thirteen Crystal Skulls" [O Mistério dos Treze Crânios de Cristal], 2001, e outro chamado "The Secret of the Thirteen Crystal Skulls" [O Segredo dos Treze Crânios de Cristal];
- A banda experimental Cloaks lançou uma faixa chamada "A Crystal Skull in Peru" [Um Crânio de Cristal no Peru].

A lista demonstra a fascinação geral com crânios de cristal permeando nossa cultura. Ainda assim, permanece a questão: de onde eles vêm? Alguns certamente são comprados em lojas de cristal, que podem tê-los em vários tamanhos espreitando por trás de vitrines. Foi assim que comprei os meus. Hoje, eles podem ser comprados pela internet ou em lojas de bijuteria bizarra em Sedona, no Arizona, ou em Amsterdã, Hong Kong ou Cuzco. A maioria é esculpida por ourives modernos com serras e brocas de ponta de diamante. Levam relativamente pouco tempo para ser feitos, em geral, alguns meses. Um crânio moderno alemão feito em Idar-Oberstein e medindo pouco menos que um crânio de tamanho real levou um ano para ser criado, com ferramentas de ponta de cristal; em 1993, estava à venda por 50 mil dólares.

Outros crânios de cristal podem ser verdadeiramente antigos, e devem ter levado anos, ou mesmo centenas de anos, para ser feitos. Podem ter sido encontrados em tumbas que foram descobertas (e saqueadas) e então vendidos a colecionadores particulares, lojas de antiguidade ou até mesmo museus.

Crânios de cristal podem ser muitas coisas – enganação, antiguidade ou cópia semimoderna – mas, graças à natureza dos cristais de quartzo, remetem à tecnologia avançada. São, de fato, um assunto fascinante. Só temos de nos lembrar, em nossa busca pela verdade sobre crânios de cristal, de que todos eles são reais – ou, pelo menos, tão reais quanto tudo o mais.

Triângulos brâmicos-tântricos do Himalaia mostrando típico simbolismo de tridentes, flores de lótus e crânios.

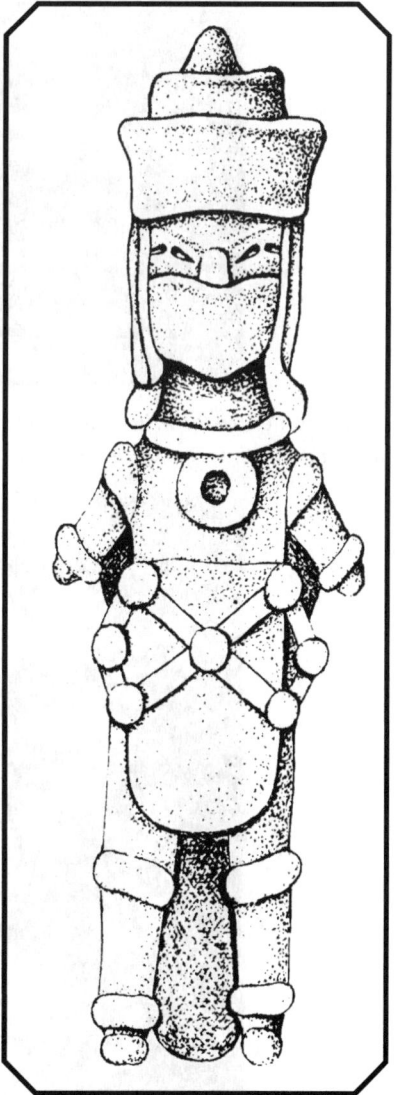

Acima: Máscara de morcego olmeca-zapoteca feita em jade, encontrada em Monte Albán, sul do México. À direita: Estátua de cerâmica de Tlotlico, México – acredita-se que represente um xamã olmeca-zapoteca. Tem quatro olhos e foi provavelmente feito para conter cristais e cogumelos psicodélicos.

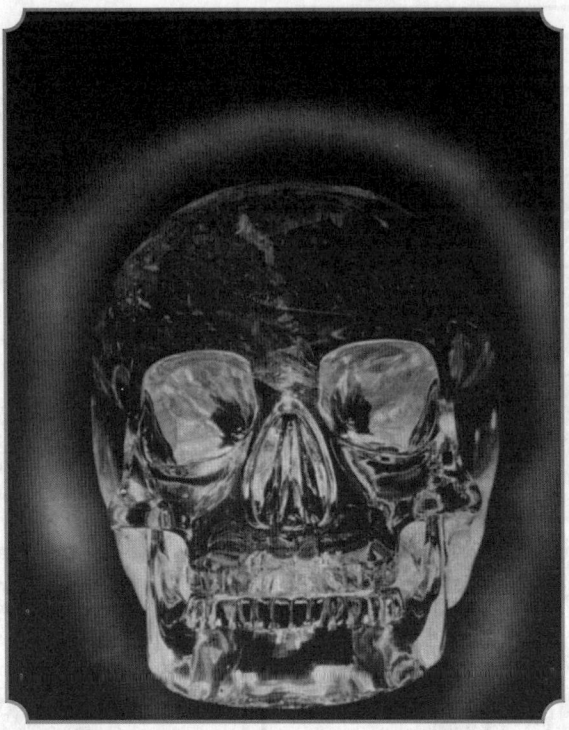

O crânio de cristal Mitchell-Hedges, aqui em fotografia de Frank Dorland que simula a aura que ele afirmou ter visto em torno do crânio.

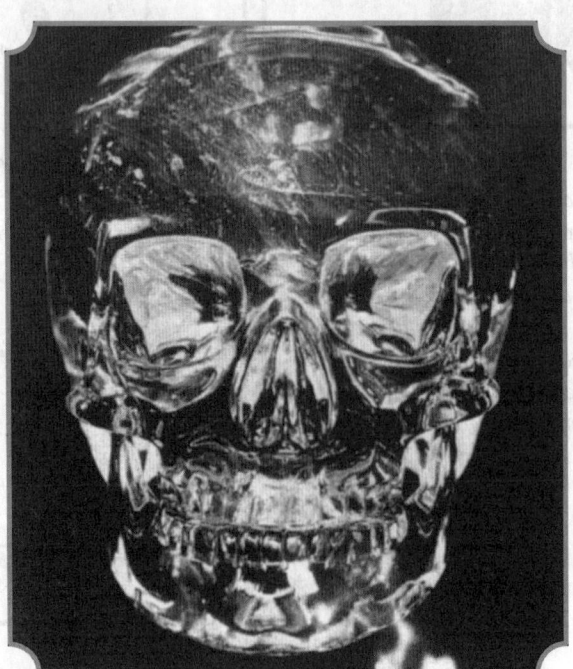

Crânio de cristal Mitc[hell-]Hedges em fotografi[a de] Frank Dorland.

Uma das curiosas pedras entalhadas na cidade maia de Quiriguá, na Guatemala. Não sabemos ainda por que essas pedras gigantes foram entalhadas.

Cabeça olmeca de tamanho colossal encontrada em San Lorenzo, México, por volta de 1940. Foi esculpida em basalto e pesa mais de 20 toneladas.

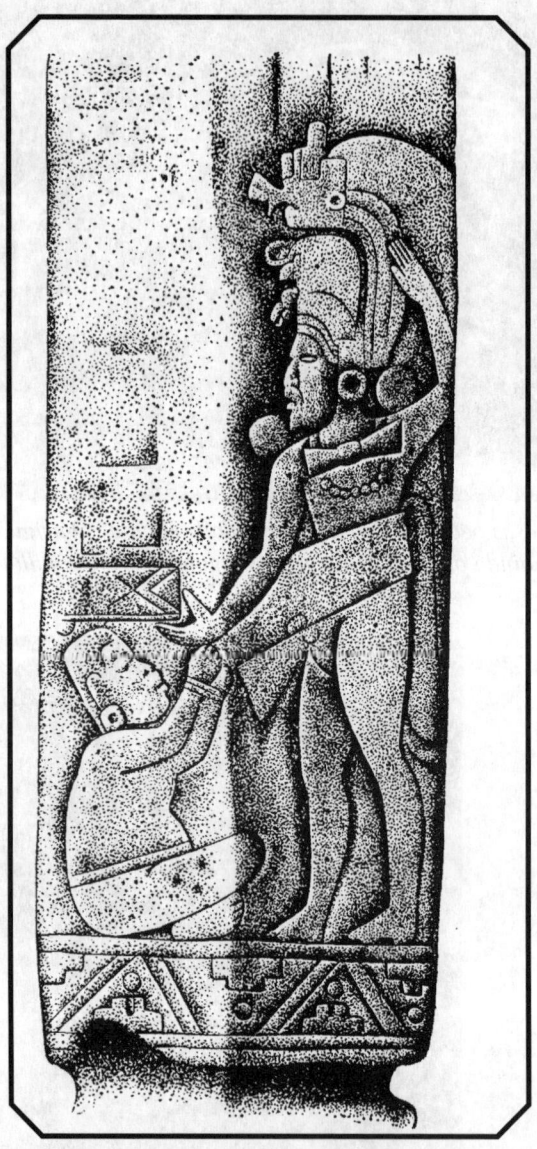

Estela olmeca em Cerro la Piedra. Homem de crânio alongado faz oferenda a homem de barba que usa elaborado cocar de penas. Teriam as oferendas incluído cristais?

Cabeça olmeca de tamanho colossal encontrada em San Lorenzo, México, por volta de 1940. Foi esculpida em basalto e pesa mais de 20 toneladas.

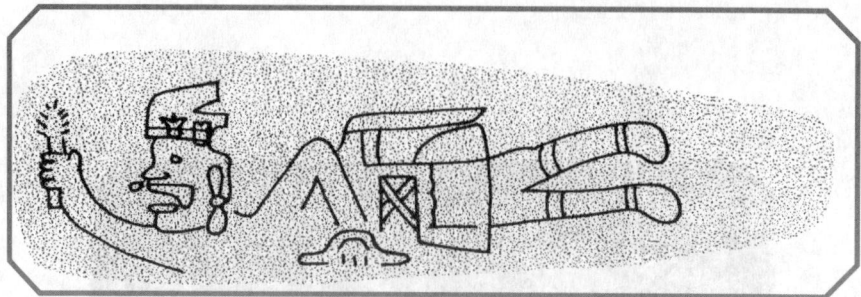

O famoso "olmeca voador" entalhado em enxó de jade, agora no Museu Nacional de Antropologia da Cidade do México.

Máscara de jade olmeca com curiosa fenda em "V". Os olmecas foram precursores dos maias e zapotecas, e faziam máscaras, estátuas e cabeças de jade. Teriam feito também crânios de cristal?

Estatueta olmeca de cerâmica: note o crânio alongado.

Baixo-relevo tolteca de guerreiros com armas, crânios e cabeças como troféus, de Chichén Itzá, Yucatán.

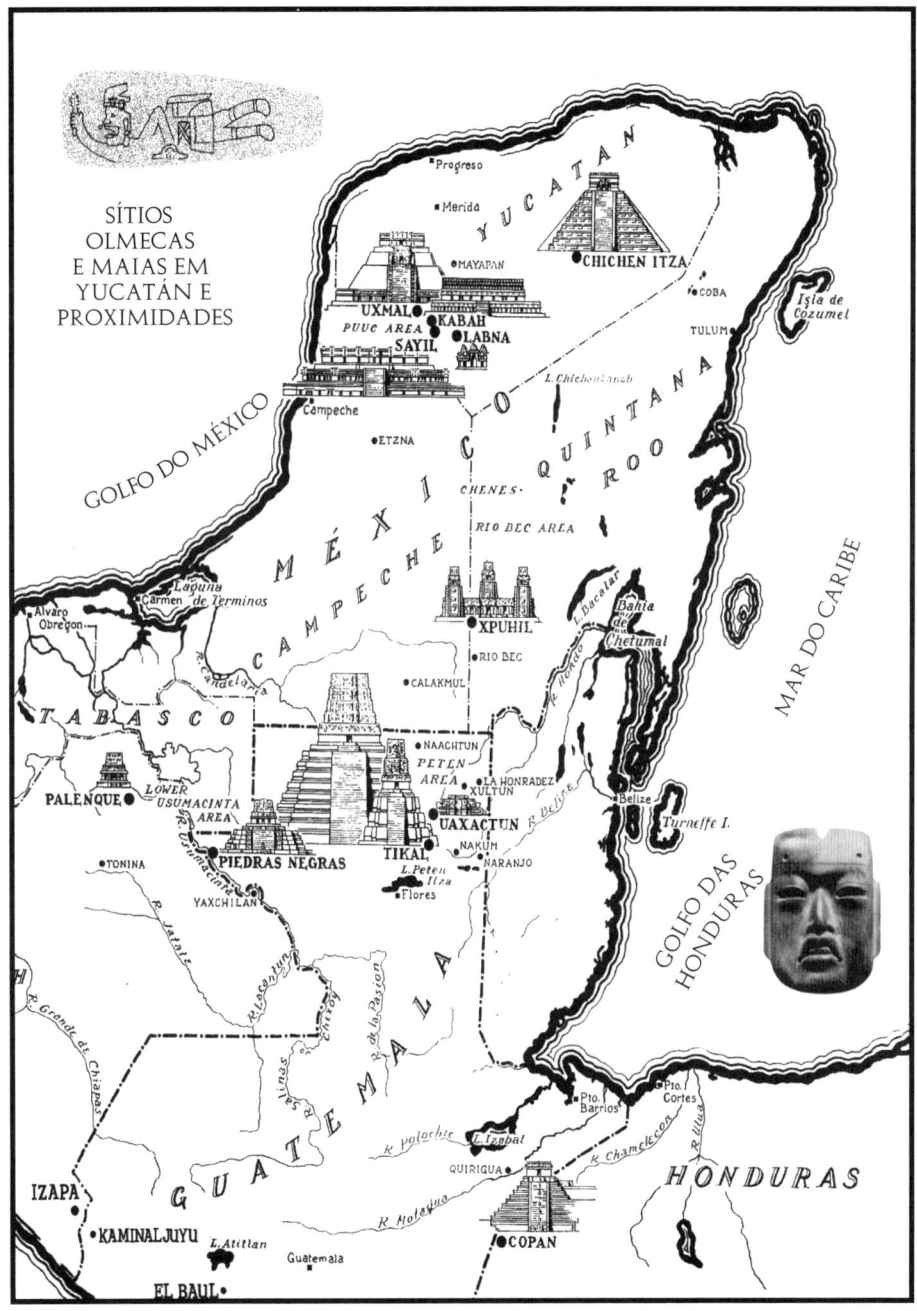

Capítulo 2

Os astecas e a Mesoamérica: a terra dos crânios de cristal

Podemos traçar o progresso do homem no México sem notar ali qualquer influência definida do Velho Mundo durante esse período (1000 a 650 a.C), a não ser por um forte substrato negróide conectado ao magos (sacerdotes).
— Frederick Peterson, Ancient Mexico (1959) [*México Antigo*]

Os cristais eram usados como talismãs mágicos em muitas culturas. Os gregos consideravam os cristais de quartzo como "gelo congelado", ou água que fora congelada por tanto tempo que havia se tornado permanentemente dura. O filósofo grego Plínio, o Velho, citava, como evidência de que os cristais de quartzo eram gelo ultracongelado, o "fato" de que podiam ser encontrados nos Alpes, onde havia geleiras, mas não em lugares mais baixos, onde era mais quente. Embora isso estivesse completamente equivocado, mostra que os gregos consideravam o cristal um material interessante.

Na verdade, gregos e romanos da Antiguidade usavam bolas de cristal, feitas de pedra polida de cristal de quartzo, para adivinhação. Uma vez que era difícil achar um espécime grande o suficiente para fazer uma bola de cristal transparente, esses objetos acabavam sendo considerados muito mais valiosos e místicos.

Bolas de cristal também eram usadas na Escócia. No ensaio "Scottish Charms and Amulets" [Talismãs e Amuletos Escoceses], publicado nos protocolos da Sociedade de Antiquários da Escócia (8 de maio, 1893), George F. Black descreve as muitas utilidades desses objetos. Algumas eram apenas decorativas, mas se acreditava que outras podiam curar doenças do gado, e a água em que essas bolas haviam sido imersas era bastante requisitada para ser respingada nos rebanhos. Muitos clãs das montanhas escocesas tinham bolas de cristal que penduravam junto a seus estandartes e denominavam "esferas da força" ou "esferas da vitória".

Embora culturas antigas reverenciassem cristais, supõe-se que esculpir o quartzo na forma de crânios era típico da América Central e do Himalaia. Crânios eram frequentemente usados como iconografia no Budismo tibetano, no Tantra hindu e dentre os astecas, mixtecas e maias. É provável que também os olmecas, que precederam todas essas culturas mesoamericanas, usassem-nos.

De fato, a ideia de que crânios de cristal estejam ligados a poderosos rituais hindus e do Budismo tântrico parece ser bem fundamentada. Afirma-se que monges budistas e hinduístas fixam o olhar em crânios de cristal como parte de suas meditações. A iconografia dos crânios é bastante presente na arte tibetana e hindu, e muitas imagens de deuses usando colares, cocares ou cintos de crânios podem ser encontradas em esculturas e pinturas thangka [originárias do Tibete]. Os colares relacionam-se principalmente ao deus da criação e destruição Shiva e à sua raivosa consorte Kali, que quase sempre aparece com um desses colares. Devotos desses deuses ainda portam colares normalmente feitos de pequenos crânios, esculpidos a partir de ossos de origem animal ou humana. Contas no formato de crânio são comuns no Nepal em terços de oração, como rosários, e as contas são geralmente entalhadas a partir de osso de iaques.

Os monges tibetanos usavam crânios humanos reais no feitio de tambores sagrados e também de taças de crânio conhecidas como kapala. Havia regras escritas precisas sobre como os crânios deveriam ser preparados para servir como recipientes sagrados, e, depois de ser apropriadamente santificados, eram utilizados em várias  cerimônias. Uma das práticas era aquecer itens de uso corriqueiro dentro dos crânios como gesto simbolizando que a vida e a morte humanas eram efêmeras, e era melhor concentrar-se na iluminação espiritual.

Relacionados aos crânios himalaios e tibetanos havia os crânios de jade, esculpidos a partir da valiosa e dura pedra esverdeada. Há esqueletos inteiros feitos de jade, supostamente do Tibete ou da Mongólia, que ganharam considerável fama na internet e em conferências sobre pedras preciosas.

Um site na internet (www.greatdreams.com) afirma que, entre os anos 2000 e 2001, "foram encontrados crânios de cristal em algumas cavernas em montanhas remotas. Levaram-se dois anos para coletar todas as 22 antigas peças, conhecidas em seu conjunto como OS CRÂNIOS DE BEIJING, possivelmente ligados aos dropas". Os dropas são extraterrestres semelhantes a anões que supostamente desceram das nuvens quando sua nave espacial caiu em uma área montanhosa remota na fronteira entre a China e o Tibete. Ali eles viveram em cavernas, e já se reportou a descoberta de túmulos contendo seus estranhos esqueletos e discos que conteriam informação codificada. Não se ouviu muito mais que isso acerca desses crânios chineses de cristal, e tudo o que se afirma sobre os dropa parece requerer bem mais investigação e verificação.

Richard Garvin, que escreveu *The Crystal Skull* (1973) sobre a pesquisa de Frank Dorland sobre o Crânio de Cristal Mitchell-Hedges, cita uma fala de Dorland:

> "É evidente que o culto ao crânio, ou a adoração ao crânio, foi no passado uma prática entre os povos antigos do mundo todo", diz Dorland. "Das ilhas do Pacífico até o Tibete, do Egito ao México, a adoração aos crânios é encontrada em todo o planeta. E parece que quase todas essas práticas tinham o crânio na mais alta estima. Era cultuado e adorado e guardado e reverenciado. O símbolo do crânio como sendo uma sinistra cabeça morta parece ter se tornado mais comum nos últimos 1.500 anos.
>
> Mas em lugar algum no mundo o símbolo de crânio foi tão importante como para as culturas da América Central, tanto modernas quanto pré-hispânicas. Nelas, a imagem cranial aparece com uma espantosa variação de formas. Por exemplo: no centro do calendário asteca há um rosto sem carne; o deus asteca Xolotl, irmão gêmeo de Quetzalcoatl, tinha rosto de crânio; marchetarias formando mosaicos de crânios eram feitas pelos nahuas, e o crânio era um importante elemento temático na arte em ouro dos mixtecas".

De fato, o desenho de crânio era bastante presente na Mesoamérica; aparecia em prédios como elemento arquitetônico, em cerâmica, esculturas, artesanatos e pinturas. Uma das formas de arte que mais prevaleceram são as máscaras. Eram utilizadas em cerimônias religiosas e também como itens decorativos, e o crânio era um tema usual (eram especialmente populares os desenhos em que metade da cabeça é o osso e a outra é viva). O Museu Britânico tem em seu acervo uma máscara mexicana feita a partir de um crânio humano verdadeiro; eles a denominam A Máscara Turquesa de Oaxaca. Na frente é coberta de ladrilhos de turquesa e linhito formando um mosaico, e a parte de trás foi extraída e coberta com couro. A mandíbula é móvel, pregada ao couro.

Uma observação interessante é que essa máscara serviu de inspiração ao popular artista britânico Damien Hirst, que em 2007 produziu a peça de arte moderna mais cara já feita. É um crânio humano real do século XVIII que ele comprou em Londres e cobriu com 8.601 diamantes finos. A peça central é um diamante cor-de-rosa em formato de pera colocado na testa. Custa 100 milhões de dólares. Essa fulgurante peça é uma interessante reviravolta no conceito de "crânio de cristal".

A fascinação por crânios na Mesoamérica ainda sobrevive, e está famosamente incorporada na comemoração do Dia dos Mortos. Desde que o Cristianismo se impôs, essa celebração passou a ser feita no Dia de Todos os Santos, em 1º de novembro, mas no tempo da conquista espanhola notou-se que os astecas celebravam vários Festivais dos Mortos. Esses feriados eram comemorados de forma bastante semelhante ao festival de hoje em dia: guirlandas de flores, chocolate, frutas, doces e outras comidas eram oferecidas aos ancestrais das famílias. Hoje é comum que se façam piqueniques em cemitérios, e as crianças ganham pequenos crânios de açúcar como guloseimas.

Culturas mesoamericanas pareciam encarar a morte como parte natural do ciclo de vida, e não algo a ser especialmente temido; o uso que faziam dos crânios na arte era só uma forma de lembrar-se dos grandes desígnios cósmicos. O site mexicolore.com cita o seguinte verso do poeta asteca Netzahualcoyotl:

> Mesmo o jade irá despedaçar-se,
> Mesmo o ouro irá esfarelar-se,
> Mesmo as plumas do quetzal irão rasgar-se.
> Não se vive para sempre nesta terra:
> Por um instante, apenas, perduramos.

Os astecas acreditavam em 13 paraísos e nove níveis no submundo. A maneira como cada um morria iria determinar para onde iria a alma no pós-vida, mas almas em todos os níveis tinham deveres a cumprir para manter funcionando a vida na Terra: ajudar a trazer chuva, prover sementes para novo plantio, cura de doenças, etc.

Podemos então perceber que o tema dos crânios está bem firmado nas culturas da Mesoamérica. Mas e quanto aos crânios de cristal? Quem os fez, e por quê (para não mencionar "como")?

Atribuem-se a lendas de várias culturas indígenas americanas as respostas a essas questões. A mais popular diz que há 13 crânios de cristal em tamanho real que formam um tipo de conjunto especial a ser ativado quando os crânios forem juntados – como montar as peças de algum computador sofisticado. Uma versão da história diz que os 13 crânios foram manufaturados por uma sociedade avançada que vivia dentro da terra, e contêm informações sobre a história dessa raça, sua relação com a nossa e sobre nosso futuro. Os crânios foram espalhados pelo globo para ser achados e reunidos em uma data posterior. Alguns dizem que essa raça era de origem extraterrestre.

Outra versão da história diz ter sua origem no mito da criação quíchua maia, o livro chamado *Popol Vuh*. Ali, afirma-se que 13 crânios foram escondidos por um xamã maia nos tempos antigos para ser redescobertos em uma época de grande necessidade. Os crânios contêm informações essenciais sobre a origem do homem, nosso verdadeiro propósito na criação e nosso destino. Quando estivermos prontos para receber esse conhecimento, os crânios serão encontrados e decodificados para facilitarem a futura evolução da raça humana.

Os autores do livro *Mystery of the Crystal Skulls Revealed*[1] [O Mistério Revelado dos Crânios de Cristal], de 1988, afirmam que os 13 crânios são um conjunto que outrora fora guardado no Palácio Potala, no Tibete. Entretanto, foram originalmente criados em Atlântida, tendo sido usados nos "13 templos de cura da Atlântida". Esses pesquisadores acreditam que muitos dos vários crânios que se conhece atualmente datem de mil a 30 mil anos atrás. Uma das idades estimadas do crânio Mitchell-Hedges é 17 mil anos.

De acordo com esses pesquisadores, muitos crânios de cristal acabaram sendo usados em sacrifícios humanos, tendo sido, portanto, "pervertidos". Entretanto, os pesquisadores acreditam que outros crânios foram poupados desse destino terrível. Todos os autores concordam que muitos dos crânios são de natureza extraterrestre, mas grande parte das informações que obtêm é canalizada por médiuns em transe – e são, portanto, altamente duvidosas. Os autores acreditam, por causa de sua canalização, que "muitos dos crânios de cristal foram trazidos ou projetados aqui de outras partes da galáxia. (...) alguns crânios familiares a nós hoje em dia foram criados na Terra, como cópias dos 13 crânios originais, alguns dos quais podem ainda estar no Tibet".[2]

Como foi mencionado anteriormente, vários crânios de cristal estão em exibição em museus por toda a Mesoamérica. Eles tendem a ser exemplos menores dessa arte. Os crânios de tamanho maior começaram a aparecer em meados dos anos de 1800, e são geralmente atribuídos aos astecas. Deve-se notar que pelo menos dois dos maiores crânios de cristal, incluindo o do Museu Britânico, que uma vez foi apresentado como artefato asteca, são comprovadamente falsificações esculpidas em datas bem mais recentes. Mas a origem dos outros está ainda em questão. Sua beleza e perfeição alimentam a noção romântica de que podem ter sido esculpidos por alguma civilização extraterrestre altamente avançada ou pela civilização atlante.

Embora muitos dos crânios encontrados na América Central sejam considerados "astecas", é preciso lembrar que os astecas (também chamados mexica) são uma civilização relativamente recente na região. Pensa-se que chegaram do Norte por volta de 1248. Quase 300 anos depois, os espanhóis chegaram em 1519, e conquistaram os astecas em 1521.

Muitos sacerdotes da nobreza asteca tinham crânios de cristal, mas é possível que esses crânios tenham vindo de culturas mais antigas, datando de centenas, ou milhares, de anos atrás. O cristal de quartzo é quase indestrutível, e objetos de cristal tendem a ser passados de geração a geração até

---

1. BOWEN, Sandra, NOCERINO "Nick" & SHAPIRO, Joshuah. *Mysteries of the Crystal Skulls Revealed*. Pacifica, California, USA: J&S Aquarian Networking, 1988.
2. Idem.

que sejam roubados ou perdidos. Ainda que um crânio de cristal possa ser esmigalhado em milhares de pedacinhos com algum esforço, isso provavelmente não teria ocorrido com muita frequência, uma vez que tais objetos, além de bastante valiosos, eram difíceis de produzir.

Na verdade, uma das grandes questões com os astecas e seus crânios de cristal é se esses tinham tecnologia para esculpir pedras e a habilidade que seria necessária para entalhar e polir crânios de cristal (os grandes, pelo menos). Esta é uma das razões pelas quais se supõe que crânios de cristal tenham sido feitos em Atlântida: seria preciso uma civilização altamente avançada com ferramentas de alta tecnologia para fazer tais objetos. Argumento similar foi usado para sugerir que extraterrestres teriam feito os crânios maiores: estes simplesmente não poderiam ter sido feitos por sociedades "primitivas" da Antiguidade, como os astecas, maias, zapotecas ou olmecas.

Nesse ponto, é preciso se ter uma visão geral sobre essas culturas. Fiz uma lista delas em ordem decrescente de seu tempo de prevalência na Mesoamérica, sendo os astecas os mais recentes e os olmecas, os mais antigos. Como toda designação antropológica, o delineamento de sua hegemonia é um tanto arbitrário; as culturas se sobrepuseram, e lugares inicialmente habitados por uma foram provavelmente tomados e utilizados por outras. Descendentes de um povo conquistado reteriam ainda parte de seu conhecimento e de suas artes nas novas cercanias.

Tendo dito isso, bem ao sul do território asteca estava o território dos mixtecas. Questiona-se se foram de fato dominados pelos astecas, mas se sabe que ambos os povos faziam comércio. Os mixtecas eram uma cultura bem mais antiga que os astecas, e provavelmente descendiam da mais antiga cultura mesoamericana, os olmecas. O padrão pictórico de crânios era usado pelo mixtecas, e é possível que alguns dos crânios "astecas" tenham sido na verdade vendidos a estes pelo mixtecas. A cultura mixteca data possivelmente de 500 a.C., ou antes.

Os zapotecas eram mais antigos que os mixtecas; também viviam ao sul dos astecas na área de Oaxaca, e eram considerados excelentes artesãos e construtores. Acredita-se que a escrita zapoteca date de 500 a.C. e que tenha sido a base da primeira escrita mesoamericana. Ela provavelmente teve origem nos primeiros hieróglifos olmecas e epiolmecas. Dentre os mais impressionantes sítios zapotecas está Monte Alban – uma montanha cujo topo foi extraído para facilitar a construção de uma cidade megalítica – e Mitla, outro sítio megalítico.

A enciclopédia na internet Wikipedia apresenta esta curiosa origem dos zapotecas: "Os zapotecas dizem que seus ancestrais emergiram da terra, de cavernas, ou que se transformaram de árvores e jaguares em pessoas, enquanto a elite governante acreditava que descendiam de seres sobrenaturais que viviam entre as nuvens, e que, ao morrerem, retornariam ao mesmo *status*. Na verdade, o nome pelo qual os zapotecas são hoje conhecidos deriva dessa crença".

Acredita-se que os zapotecas, assim como astecas e maias, praticavam sacrifícios humanos, e o padrão pictórico de crânio é frequentemente associado a isso. Mas não se sabe, de fato, se os crânios de cristal de alguma forma originaram-se de sacrifícios humanos e sua macabra simbologia.

Artesãos zapotecas e mixtecas moravam na capital asteca de Tenochtitlan, e eram conhecidos por seu trabalho com joias e pedras. Muitos dos crânios de cristal podem ter sido concebidos por esses artesãos.

Os maias predominaram em Yucatán, Chiapas, na Guatemala e mais ao sul, e ainda hoje vivem nessas áreas. Estima-se que as mais antigas comunidades maias tenham começado na região de Soconusco, na costa do Pacífico, por volta de 1800 a.C., embora tais comunidades fossem provavelmente de origem olmeca ao invés de maia.

O desenvolvimento da cultura maia ocorreu provavelmente de 1000 a.C. a 200 d.C., mas pouco se sabe desse período. Considera-se normalmente que o período clássico da civilização maia tenha ocorrido de 250 d.C. a 900 d.C., quando um súbito colapso dessa civilização ocorreu e centenas de cidades nas selvas de Petén ao norte da Guatemala e na área mexicana de Yucatán foram abandonadas. Os maias continuaram a viver nas montanhas da Guatemala e em áreas remotas ao longo do Rio Usamacinta, assim como em áreas costeiras remotas de Belize, Quintana Roo e Honduras.

Embora fossem grandes construtores, geralmente se afirma que os maias não tinham transporte baseado em rodas (como charretes ou carros de boi), polias e mesmo ferramentas de metal. As ferramentas eram de obsidiana, jade, sílex ou basalto, na forma de martelos, enxós, brocas, pás e similares.

Não obstante, os maias foram capazes de construir uma série extensa de pirâmides, praças, cisternas e estradas. Eles usavam uma forma de cimento que era um estuque de pedra calcária aplicado sobre blocos de granito e com frequência pintado em cores vivas.

Mas, se os maias não tinham ferramentas de metal e outras formas básicas de tecnologia, teriam sido capazes de entalhar e polir um material tão duro e resistente quanto o cristal de quartzo? Que ferramentas ou outros materiais teriam os maias utilizado? Se tinham crânios de cristal, haveriam eles mesmos feito os objetos? Ou teriam os crânios vindo de alguma outra civilização, como a dos mais antigos e avançados olmecas e zapotecas?

Isso nos leva aos olmecas. Em meu livro *The Mystery of the Olmecs*[3] [O Mistério dos Olmecas], afirmo que os olmecas eram não só a mais antiga cultura da Mesoamérica, como também a mais avançada. Em essência, a civilização regredira tremendamente desde o tempo dos olmecas até o período asteca, pouco antes da invasão dos espanhóis.

Seriam de fato os crânios de cristal pertencentes ao período olmeca, atualmente definido como de 1300 a.C. a 200 a.C.? Os olmecas não só extraíram rochas de basalto de 20 toneladas e as esculpiram na forma de cabeças colossais (muitas das quais mostram feições negróides, o que por

---

3. CHILDRESS, David Hatcher. *The Mystery of the Olmecs*. Kempton, Illinois, USA: Adventures Unlimited Press, 2007.

si só já é motivo de controvérsia), mas também tinham ferramentas metálicas para realizarem seu excelente trabalho.

Em suma, os olmecas aparentemente tinham a tecnologia para criar crânios de cristal em tamanho real, enquanto os maias e astecas, mais recentes, pareciam não ter tais instrumentos para produzir esses objetos. Os zapotecas e mixtecas de Oaxaca e do sul do México haviam herdado essas habilidades dos olmecas e podem ter sido os últimos especialistas em lapidação.

Ninguém sabe de onde vieram os olmecas, mas as duas teorias predominantes são estas:

1. Eram índios norte-americanos, derivados do mesmo grupo siberiano, assim como a maioria dos outros índios norte-americanos; por acaso, acentuaram seu material genético-negróide, que já estava latente em seus genes.
2. Eram estrangeiros que imigraram para a área de Olman utilizando barcos; talvez fossem marinheiros ou passageiros em viagens transoceânicas que duravam provavelmente centenas de anos.

Os olmecas tinham muitas semelhanças incomuns com os maias e outras culturas longínquas: a reverência pelo jade e por penas exóticas; o uso de cogumelos alucinógenos e outras drogas psicodélicas; o uso de hieróglifos e estelas de pedra como sinalização.

Em seu livro *The Olmecs: America's First Civilization* [Os Olmecas: A Primeira Civilização da América], Richard Diehl aponta os artefatos encontrados no cemitério olmeca em Tlalilco:

> Uma mulher da nobreza foi enterrada com 15 vasos, 20 estatuetas de cerâmica, duas peças de jadeíta verde pintadas em vermelho vivo que podem ter feito parte de um bracelete, uma placa de hematita cristalina, um fragmento de osso com traços de pintura em afresco e várias outras pedras. Outro túmulo continha os restos de um homem cujo crânio havia sido deliberadamente modificado na infância; quando adulto, seus dentes foram raspados até formarem padrões geométricos. Ele pode ter sido um xamã, uma vez que todos os objetos colocados com ele eram provavelmente parte dos objetos de poder de um xamã. Incluíam pequenos metates [pilões de pedra] para moer cogumelos alucinógenos, efígies de barro representando cogumelos, quartzo, granito, grafite, piche e outros materiais exóticos que podem ter sido usados em rituais de cura.[4]

---
4. DIEL, Richard A.. *The Olmecs: America's First Civilization*. New York: Thames & Hudson, 2004.

Cristais de quartzo e cogumelos psicodélicos eram parte da sacola de artefatos do xamã olmeca, com quem ela era enterrada. Teriam alguns xamãs olmecas sido enterrados com seus crânios de cristal? Achamos tão poucos sítios funerários olmecas que simplesmente não sabemos.

Parece provável que crânios de cristal e sua utilização em rituais mágicos já existissem nessa época. Desses crânios quase indestrutíveis – a não ser os que apresentam rachaduras – não é de fato possível estimar a idade. Apenas o estilo da lapidação pode contribuir com a datação, ou a descoberta de um conjunto desses crânios cuja origem e data possam ser claramente asseguradas. Mesmo assim, ainda que sítios como esse contendo crânios de cristal fossem encontrados e datados, isso não significaria que os crânios foram feitos na mesma época do funeral – poderiam, na verdade, ter centenas de anos a mais, passados de geração em geração.

Minha fascinação com as civilizações asteca, maia e olmeca fez com que eu viajasse por todas as áreas em que elas existiram e a escrever vários livros, como *The Mystery of the Olmecs e Lost Cities of North and Central America* [Cidades Perdidas nas Américas do Norte e Central]. Meu principal interesse nessas áreas tem sido a engenharia de construções megalíticas comumente encontradas nesses sítios arqueológicos, assim como a mineração na Antiguidade. A tecnologia que permitiria esculpir cristal de quartzo pode ser vista como "alta tecnologia". A implicação aqui é a de que qualquer cultura que esculpisse em cristal de quartzo teria de trabalhar com instrumentos metálicos, pelo menos.

Mas fica a questão: que culturas na Mesoamérica tinham a tecnologia para esculpir esse cristal? Sabe-se que o quartzo era trabalhado na Antiguidade; artefatos da Índia antiga, feitos de cristal de quartzo, estão atualmente em exposição no Museu Britânico, como o "Crystal Goose" [ganso de cristal] da civilização gandara (600 a.C. a 1100 d.C). Tais artefatos também são encontrados no Museu de Antiguidades Egípcias do Cairo e no Museu de Antropologia da Cidade do México, onde vários crânios de cristal podem ser vistos.

Quando comecei a pesquisar as minas perdidas dos olmecas, em 2007, dei de cara com uma controvérsia pouco conhecida que cercava o México e a Mesoamérica: eles supostamente não sabiam como trabalhar com metais até quase a época dos astecas e seu império. Espantosamente, técnicas de metalurgia sofisticadas haviam sido desenvolvidas na América do Sul bastante cedo, em 1200 a.C., mas esses trabalhos em metal não apareceram no México até milênios depois, supostamente. Isso significaria uma insuficiência severa na tecnologia de entalhe do cristal de quartzo.

O arqueólogo C. A. Burland disse que o México em 1519 "estava onde a Suméria e o Egito haviam estado em 3500 a.C.". Em outras palavras, arqueólogos conhecidos dizem que o progresso das culturas da América Central estava atrasado em milhares de anos com relação ao progresso alcançado pelas civilizações da Ásia, Europa e África. É certo que as culturas sul-americanas, como os tiwanaku (tihuanaco) e os incas mais recentes, haviam empreendido a mineração e a metalurgia sofisticadas mil anos antes das culturas no México, mas ainda lhes faltava, supostamente, o conhecimento da roda e da escrita.

Victor von Hagen e outros arqueólogos renomados afirmam que nenhuma das primeiras culturas mexicanas trabalhava com metais; essa habilidade teria vindo da América do Sul em estágios gradativos por meio de comércio indireto. Afirma Von Hagen em seu trabalho *The Aztec: Man and Tribe*[5] [O Asteca: Homem e Tribo], de 1958: "Não aparece em Teotihuacán, que já não mais existia quando as técnicas do ouro e do cobre alcançaram o México. Era desconhecida dos primeiros maias, e o artesão asteca se contentava em fazer diademas de jade. Não foi muito praticada no México antes do século XI".

A crença de que os trabalhos em metal inexistiam no México até 400 anos antes da conquista espanhola parece um tanto curiosa. É provável que no México, assim como no Velho Mundo e na América do Sul, essa atividade já estivesse sendo praticada há milhares de anos.

Se em 1958 acreditava-se que os metais não haviam sido encontrados no México até o século XI, agora se acredita que o fato ocorreu por volta do século VII, data ainda assim recente para o aparecimento dos trabalhos em metal. Um problema com grande parte dos artefatos metálicos é que, se são deixados expostos aos elementos, corroem-se e deterioram-se. No ambiente quente e úmido da selva que cobre grande parte da área em questão, isso ocorreria com muita rapidez. Será então verdade que os maias e olmecas não conheciam os metais?

Arqueólogos mórmons, em busca de provas de que o Livro de Mórmon faz um registro acurado da história mesoamericana – incluindo os primeiros trabalhos em metal –, ressaltam que os estudos da língua ajudam a confirmar que a metalurgia era de fato utilizada na Antiguidade mexicana. Estudiosos maias e olmecas que reconstruíam partes de várias línguas mesoamericanas ficaram intrigados ao constatar que uma palavra para "metal" existia já em 1000 a.C., enquanto a língua dos olmecas tinha uma palavra para metal já em 1500 a.C. (John L. Sorenson, *An Ancient American Setting for the Book of Mormon*, 1985, Deseret Book Company, Salt Lake City).

E o mais importante: metais que predatam 600 d.C. têm sido encontrados na Mesoamérica. Um vaso de cerâmica datando de aproximadamente 300 d.C. (mencionado por Sorenson) pode ter sido utilizado para fundição. Uma massa metálica dentro do recipiente continha cobre e ferro. O arqueólogo que fez a descoberta encontrou também uma peça refinada de ferro em uma tumba da Antiguidade mesoamericana.

---

5. VON HAGEN, Victor. the Aztec: Manand tribe. New York: New Anerican Library 1958.

Mais antigas são as toneladas de ferro que os olmecas aparentemente mineravam. Em 1996, a arqueóloga não mórmon chamada Anne Cyphers assegurou que "um total de dez toneladas de ferro foi encontrado em San Lorenzo, em vários montes enormes, sendo que o maior era de quatro toneladas. Antes da descoberta desses montes, sabia-se apenas de alguns pedaços de ferro. Foram descobertos com o uso de detectores de metal" (William J. Hamblin, "Talk on the Olmecs by Cypher" [Texto de Cypher sobre os olmecas], enviado em 26 de setembro de 1996 à lista de discussões sobre estudos arqueológicos mórmon – SAMU-L).

Sobre a metalurgia olmeca, Christopher Pool diz, em seu livro *Olmec Archaeology and Early Mesoamerica* [Arqueologia Olmeca e a Mesoamérica Antiga] (Cambridge University Press, 2007):

> Os olmecas praticavam a um grau incomum a troca de bens de prestígio. Literalmente toneladas de minério de ferro na forma de cubos perfurados e espelhos polidos foram importadas de Chiapas e de Oaxaca para San Lorenzo (Agrinnier 1984; Coe e Diehl 1980a; Cyphers e DiCastro 1996; Pires-Ferreira 1976b), e espelhos de minério de ferro foram mais tarde encontrados em túmulos de indivíduos da classe dominante em La Venta (Drucker et al. 1959). Oferendas de jade e serpentina, importados de fontes na Guatemala e talvez das terras altas do México, foram depositadas em Laguna Manatí antes de 1500 a.C. (Ortiz e Rodríguez 2000). Tal amostragem de pedras verdes exóticas atingiu proporções extravagantes no Formativo Médio de La Venta, onde milhares de toneladas de blocos de serpentina foram enterradas em oferendas gigantescas (Drucker et al. 1959).

A mineração é uma atividade sofisticada e, assim como a extração e a remoção de pedras para o entalhe das cabeças colossais feitas pelos olmecas, ela é um indicador de uma cultura altamente desenvolvida – similar àquelas encontradas no Egito, na Índia, na Suméria e na China antigos.

A origem e a prática do manuseio do metal no México, como vemos, é controversa. Assim como muitas coisas na Arqueologia, o uso de metais na região vem sendo continuamente apontado como tendo se iniciado cada vez mais cedo, até o ponto em que a Metalurgia na Mesoamérica seja contemporânea à da América do Sul. O que nos interessa aqui, entretanto, é que os astecas tinham de fato ouro, prata, cobre e outros metais assim como, presumivelmente, minas. Mas parte do ouro pode ter vindo de civilizações mais antigas como a olmeca, e as minas astecas podem ter sido originalmente minas olmecas ou zapotecas. Os astecas também tinham objetos de jade, turquesa e cristal de quartzo, como coelhos, sapos e crânios que hoje podem ser vistos nos museus.

Um exemplo de escultura em pedra verde que poderia ser classificada como item de luxo, como descrito por Pool, é a importante estatueta Tuxtla. Ela foi descoberta em 1902 por um fazendeiro que arava seus campos perto de La Mojarra, a oeste do sopé das montanhas de Tuxtla, no Estado de Veracruz, México. As montanhas de Tuxtla são também o local das famosas cabeças colossais dos olmecas. Por causa da escrita cursiva na estatueta, ela foi vendida no mercado negro e contrabandeada para Nova Iorque escondida em um carregamento de folhas de tabaco. O Instituto Smithsonian adquiriu-a pouco depois por um preço não divulgado.

A estatueta Tuxtla é uma peça arredondada, de 15,2 centímetros, feita de jade nefrita (pedra verde similar ao jade, embora não tão dura) e esculpida no formato de um homem agachado, de cabeça pontuda, com bico e asa de pato. Há 75 símbolos entalhados ao seu redor, em escrita cursiva epiolmeca. A estatueta Tuxtla é um dos únicos exemplos existentes desse sistema de escrita, e, como tal, não tem preço.

A cabeça humana esculpida na pedra é careca, parece ter olhos orientais e grandes alargadores redondos nos lóbulos das orelhas. A característica mais marcante é que, em vez de uma boca, a estatueta tem um longo bico que se estende até o peito. Esse bico foi identificado como pertencente ao arapapá [espécie de garça de bico largo], pássaro abundante ao longo da costa de Tabasco e ao sul do Golfo de Veracruz. As asas, ou capa em formato de asas, envolvem o corpo; os pés foram entalhados na base. Pode-se chamar essa estatueta de "o olmeca alado de bico largo". Várias vezes os olmecas já foram retratados voando, e tais imagens são tipicamente conhecidas como "olmecas voadores". Isso talvez se deva, em parte, ao uso que faziam dos cogumelos psicodélicos.

A estatueta Tuxtla está agora em Dumbarton Oaks, em Washington, como parte do acervo maior do Museu Smithsonian. É de se perguntar se a escrita epiolmeca na estatueta é algum tipo de sortilégio ou encantamento mágico. Outro item curioso no acervo do Smithsonian em Dumbarton Oaks é o enfeite peitoral em estilo Izapa que mostra uma figura sentada acompanhando um texto hieroglífico. Esse enfeite maia pode ter sido entalhado com "orações de proteção" ou outros encantamento mágicos. Teria a estatueta Tuxtla sido um amuleto mágico utilizado por seu dono como proteção?

Os maias e epiolmecas podem ter se separado muito cedo, e certamente o sistema de escrita maia foi o que mais perdurou dentre todos os outros. Por volta de 200 a.C. havia pelo menos três grandes sistemas de escrita: zapoteca, epiolmeca e maia. Durante o período clássico mesoamericano (300 a 900 d.C.) havia ainda mais sistemas de escrita, muitos dos quais derivados dos sistemas zapoteca – como teotihuacano, ñuiñe, xochicalco, mixteca, mixteca-puebla – e asteca. É geralmente aceito que todos esses sistemas de escrita mesoamericanos, incluindo o epiolmeca, podem ser divididos em dois grupos: os do sudeste e os de Oaxaca. O grupo do sudeste inclui a escrita epiolmeca e a maia. A ideia de que não havia grande quantidade de ouro ou outros tesouros disponíveis para os conquistadores provou-se errada em 1931, quando o arqueólogo mexicano Alfonso Caso descobriu a tumba intocada de um chefe tribal mexicano em Monte Albán, ao sul da Cidade do México. A tumba continha belíssimos colares, alargadores de orelha e anéis. Os historiadores perceberam que o simples e honesto Bernal Diaz (que acompanhou os primeiros conquistadores, registrando suas descobertas no Novo Mundo) atenuara magnificamente a realidade em suas descrições, e que Montezuma devia ter, de fato, uma vasta quantidade de tesouros variados.

Aqui, portanto, começa o mistério do tesouro perdido asteca – que deve ter incluído crânios de cristal e outros objetos: os conquistadores devem ter conseguido uma fortuna em ouro e joias dos astecas, mas, pouco tempo depois, nenhum ouro ou joias foram encontrados nas terras astecas. Para onde teriam ido os tesouros astecas? E o que, exatamente, compunha esses tesouros? Será que continham crânios de cristal?

O enigma dos antigos crânios de cristal – quem os teria feito e de quando datam – é um quebra-cabeça que se complica à medida que o examinamos. Crânios de cristal astecas são possivelmente relíquias mais antigas. Teriam os maias produzido crânios de cristal? E teriam feito esses objetos sem ferramentas de metal?

O cristal de quartzo é tão duro que teria sido difícil gravar nele qualquer tipo de escrita. Que eu saiba, nenhum crânio de cristal descoberto até agora contém qualquer tipo de escrita entalhada, como vemos na estatueta Tuxtla.

Mas parece que o entalhe de cristais e o uso de crânios de cristal remontam aos olmecas e foram então transferidos aos zapotecas, que também herdaram a língua e a escrita dos olmecas. Mesmo nos tempos astecas, o segredo da arte de fazer crânios de cristal deve ter sido guardado a sete chaves pelos zapotecas.

Algumas das perguntas a se fazer agora seriam: quão comuns eram os crânios de cristal no México antigo? Seriam alguns deles de tamanho real? Será que os imperadores astecas tinham algum tipo de coleção de crânios de cristal durante os tempos da conquista? Se sim, o que teria acontecido a essa coleção? Agora que compreendemos (pelo menos um pouco) a origem dos crânios de cristal, podemos examinar a fascinante afirmação de que os imperadores do México antigo e moderno tinham uma coleção secreta desses objetos – crânios de magia e poder.

O famoso Calendário Asteca de pedra, da Cidade do México. Pensa-se, atualmente, que seria como um pavimento sobre o qual partidas ritualísticas de combate eram travadas.

Máscara de crânio de pedra, Medias Aguas, México.

**Olman:
terra dos olmecas**

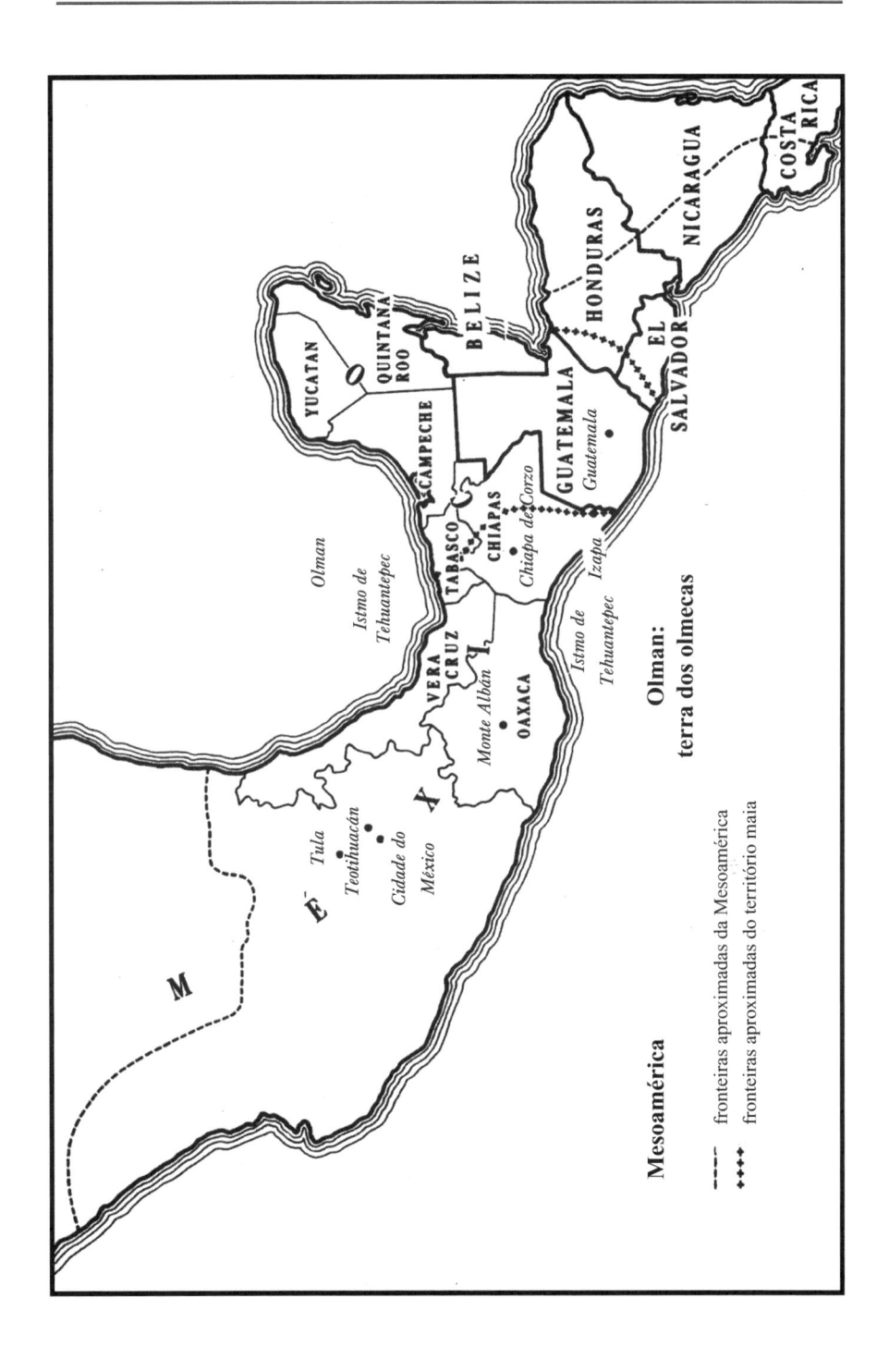

Mesoamérica

--- --- fronteiras aproximadas da Mesoamérica
++++ fronteiras aproximadas do território maia

Acima: gravura asteca de crânio com hieróglifos para "água que queima" saindo da boca do crânio e os hieróglifos para "espelho de fumaça" no topo do crânio. À direita: desenho de crânio humano restaurado com entalhe, encontrado na cidade maia de Kaminaljuyu.

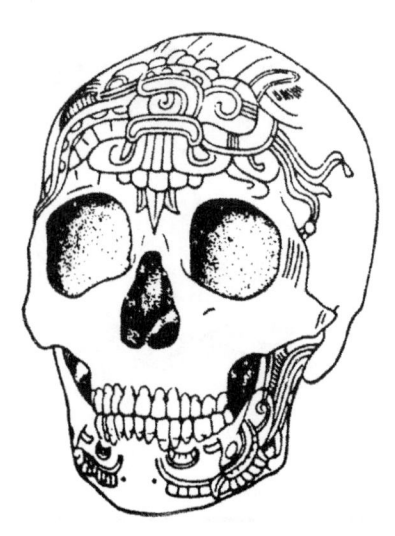

Monumento 1 em Bilbao, Guatemala, mostra homem pisando em torso humano desmembrado. Ele porta uma faca, e os quatro personagens nos cantos seguram cabeças humanas.

Monumento 19 em La Venta. Um olmeca usa um capacete e segura um misterioso saco à sua frente enquanto uma cobra com penas enrola-se em torno dele. O que estaria levando no saco – itens mágicos, como cristais, gravetos oraculares e cogumelos mágicos secos?

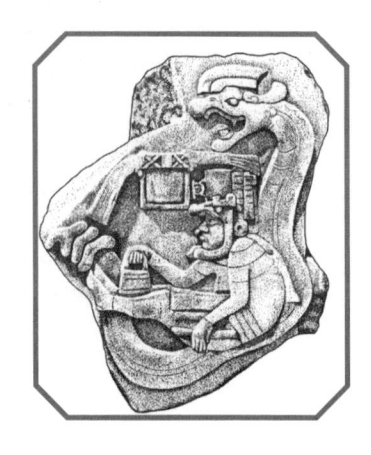

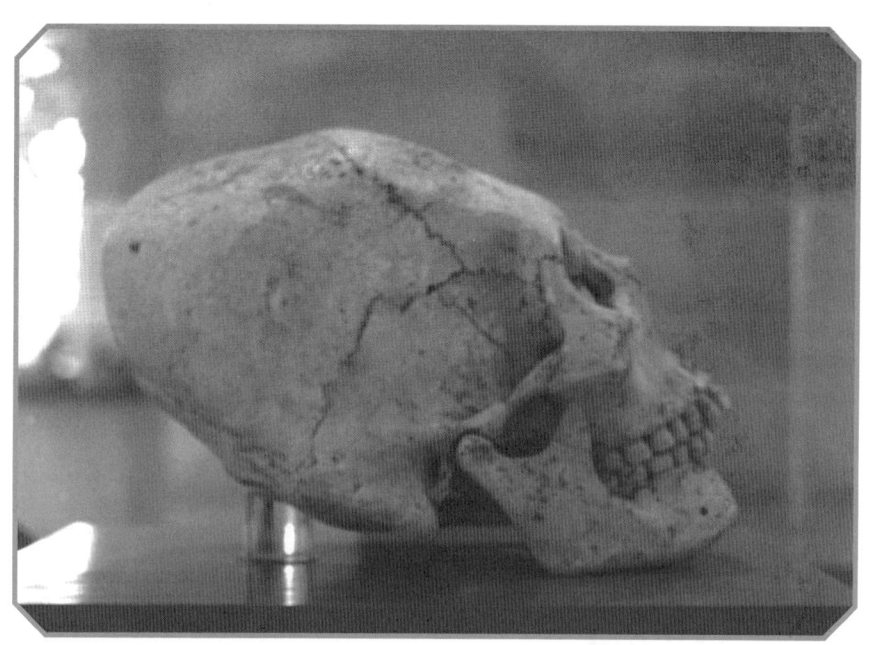

Crânio alongado de origem olmeca-maia, hoje no Museu da Cidade do México.

Estranhas estatuetas olmecas de jade, de cabeça alongada, encontradas próximas a enxós também de jade em La Venta, México.

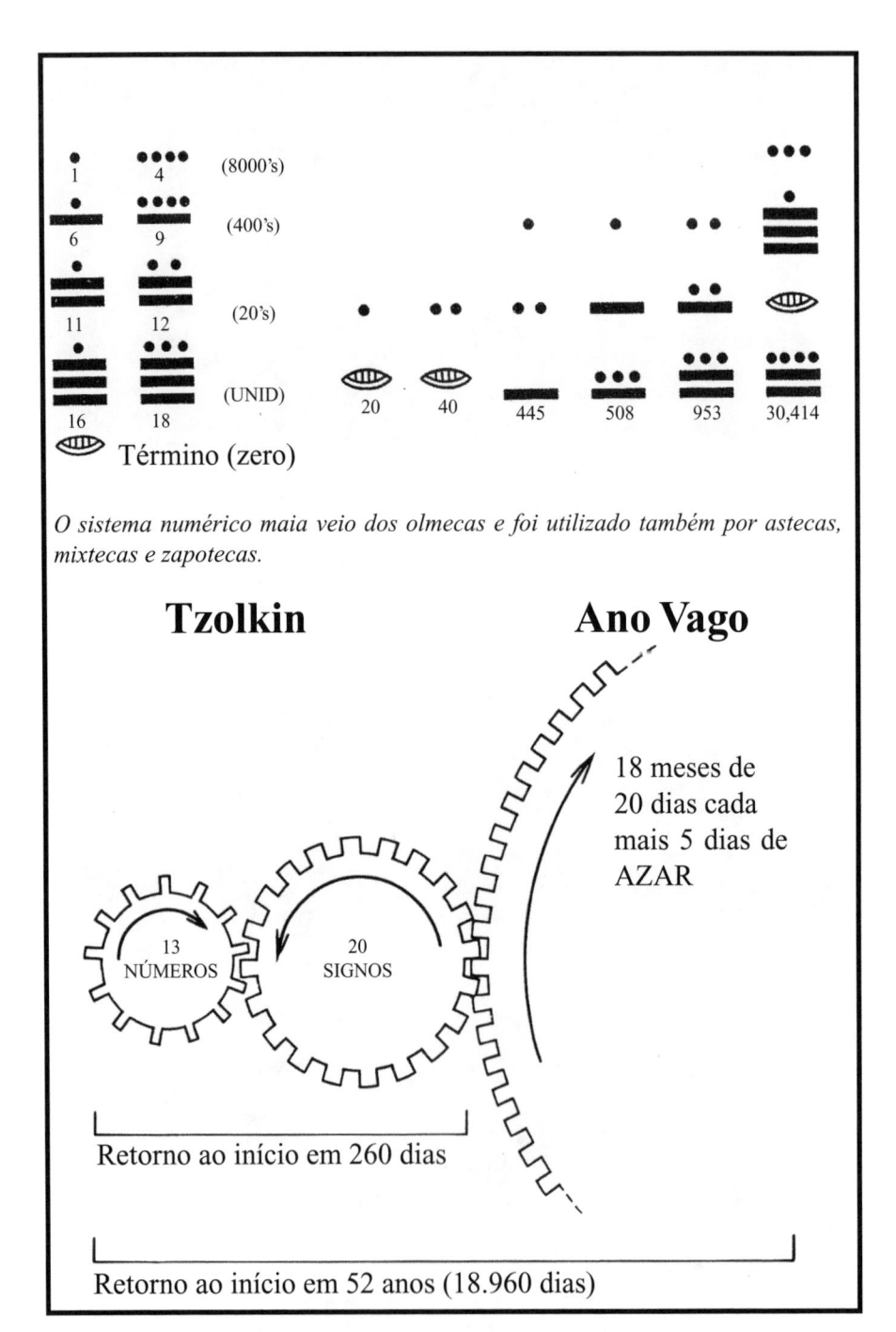

• 1	•••• 4	(8000's)						•••
— 6	•••• — 9	(400's)		•	•	••		• — —
• — — 11	•• — — 12	(20's)	•	••	••	—	•• —	⌾
• — — — 16	••• — — — 18	(UNID)	⌾ 20	⌾ 40	— — 445	••• — — 508	••• — — — 953	•••• — — — 30.414

⌾ Término (zero)

O sistema numérico maia veio dos olmecas e foi utilizado também por astecas, mixtecas e zapotecas.

Tzolkin   Ano Vago

13 NÚMEROS
20 SIGNOS

18 meses de 20 dias cada mais 5 dias de AZAR

Retorno ao início em 260 dias

Retorno ao início em 52 anos (18.960 dias)

O Calendário Maia, chamado Tzolkin, também originou-se dos olmecas.

Uma das estelas maias gigantes em Quiriguá, Guatemala.

Fase Um da cidade maia de Tikal, bem ao centro de Yucatán. Por que os maias construíram milhares de cidades nessa área de selva remota, para depois as abandonarem, é ainda hoje um mistério para os historiadores.

Essa cabeça colossal olmeca de San Lorenzo, Estado de Vera Cruz, México, tem misteriosas marcas como catapora no basalto duríssimo. É como se alguma ferramenta automática moderna houvesse furado a cabeça; isso, entretanto, teria de ter sido feito nos tempos antigos, uma vez que a cabeça esteve enterrada por milhares de anos.

Acima: pintura da cidade megalítica no topo da montanha em Monte Alban. Abaixo: pedras com entalhes de figuras olmecas, ao que parece com vários problemas médicos. Algumas dessas chapas têm entalhados antigos símbolos epiolmecas-zapotecas.

A estatueta de Tuxtla de jade, hoje parte do acervo Smithsonian. Assim como ocorre com as cabeças e crânios de jade, acredita-se que essa estatueta fosse algum talismã mágico. Ela contém antigos símbolos epiolmecas-zapotecas entalhados.

☠〰☠〰☠〰☠〰 Capítulo 3 ☠〰☠〰☠〰☠〰

A coleção mágica de crânios de cristal do imperador mexicano

Pobre México; tão longe de Deus e tão perto dos Estados Unidos!
— *Porfírio Díaz, ex-presidente do México (1876 - 1911)*

Teriam os vários presidentes e imperadores mexicanos guardado tesouros secretos? É exatamente o que o jornalista e ocultista californiano Sibley S. Morril sugere em seu livro *Ambrose Bierce, F.A. Mitchell-Hedges and the Crystal Skull*.

Morril sustenta que o crânio de cristal Mitchell-Hedges veio de uma coleção especial de crânios de cristal e outros itens que havia sido passada ao longo de gerações desde os tempos astecas até os vários oficiais mexicanos, a começar do período da conquista.

Morril, um jornalista de Oakland, Califórnia, que publica seus próprios livros, contribuiu com o Boletim Jack London e escreveu vários volumes nos anos de 1960, incluindo *The Texas Cannibals or Why Father Serra Came to California* [Os Canibais do Texas, ou Por Que o Pai Serra Veio para a Califórnia], de 1964 e *The Trouble with Sheakespeare* [O Problema com Sheakespeare], de 1974, além de *Ambrose Bierce, F.A. Mitchell-Hedges and the Crystal Skull*, de 1972.

Morrill era fascinado pelo jornalista Ambrose Bierce, da São Francisco de virada de século. Após alguns anos de estudo e do ressurgimento do interesse pelo crânio de cristal Mitchell-Hedges, ele percebeu que as Revoluções Mexicanas do fim dos anos de 1800 e começo dos anos 1900, das quais Bierce e Mitchell-Hedges haviam participado, tinham feito com que alguns antigos crânios de cristal, pertencentes aos imperadores mexicanos, se dispersassem.

O interessante aqui é a noção, mantida em segredo por séculos, de que os casamentos de espanhóis com a aristocracia asteca e zapoteca do antigo México tenham permitido aos imperadores mexicanos obter objetos de antigos tesouros. É bastante provável que objetos sagrados como os crânios de cristal fizessem parte de um tesouro presidencial. Crânios de cristal menores eram aparentemente um tanto comuns no mundo asteca – mas e quanto aos maiores? Quão comuns eles eram?

Em *The Mystery of the Crystal Skulls*, Morton e Thomas afirmam que: "Rumo ao fim do século XIX, aparentemente se haviam espalhado rumores de que o presidente mexicano, na época Porfírio Diaz, tinha um esconderijo de tesouros que se acreditava conter um ou mais crânios de cristal. Dizia-se que esses tesouros haviam sido transmitidos de um imperador para o próximo, e que davam ao dono os poderes necessários para governar".[6]

Sobre o crânio Mitchell-Hedges, afirma Morrill no capítulo IV de *Ambrose Bierce, F.A. Mitchell-Hedges and the Crystal Skull:*

> Há, é claro, várias histórias sobre como o crânio de cristal foi encontrado. Nenhuma, entretanto, tem qualquer consequência, à parte o fato de que o próprio Mitchell-Hedges sempre se recusou a revelar a resposta. Algumas histórias dizem que ele encontrou o objeto em um templo em uma ilha na costa de Honduras. Outras afirmam que o templo ficava na Honduras continental ou no México, ou nas Honduras britânicas. Há ainda outras histórias que soam como se houvessem surgido da mente de Edgar Rice Burroughs, e há tantos fatos para corroborá-las quanto a história de Tarzan dos Macacos [Morrill refere-se aqui provavelmente ao livro de Mitchell-Hedges *The White Tiger*, que discutiremos no próximo capítulo].
>
> (...) Há, entretanto, certos fatos importantes sobre a vida do explorador que, quando relacionados ao que se sabe de outros personagens e com os fatos do tempo em que viveram, têm peso considerável sobre o assunto.
>
> Com isso em mente, é importante saber que alguns oficiais de alta patente do governo mexicano afirmam extraoficialmente que o crânio foi adquirido por Mitchell-Hedges no México, e que, assim como incontáveis milhares de outros artefatos – incluindo uma quantidade nunca divulgada em 1960 –, foram ilegalmente retirados do país.
>
> A crença deles é justificável, à parte o ponto inquestionável de que o crânio pode ter caído em mãos astecas por causa da dissolução do Novo Império Maia e da presença de forças astecas e outras forças mexicanas em Yucatán, na época.

---

6. MORTON, Chris & THOMAS, Ceri. *The Mystery of the Crystal Skulls*. Santa Fe, NM, USA: Bear & Co., 1998.

Embora tal justificativa refira-se a certas coisas um tanto quanto irreais, há uma evidência para apoiá-la. A evidência envolve uma das combinações de pessoas mais improváveis que se possa imaginar. São elas: J. W. "Aposte um Milhão" Gates, James "Raposa de Prata" Keene, Jules Bache e J. Pierpont Morgan dentre os barões de Wall Street; lorde Duveen de Millbank, cuja posição no mundo da arte poderia ser descrita como inigualável; o general Pancho Villa, revolucionário mexicano; o major Ambrose Bierce, escritor famoso, e vários outros, um dos quais Lieb Bronstein, que ficou mais tarde conhecido como Leon Trotski.

A forma como Gates, Keene, Bache e Morgan entraram na história tem a ver com o fato de que, quando Mitchell-Hedges chegou aos Estados Unidos, em 1900, tinha os contatos certos e habilidade para capitalizar em cima disso. Essa habilidade repousava em um certo *savoir faire*, além de um gosto marcante por pôquer. Os detalhes são dados em sua autobiografia *Danger My Ally* [Meu Aliado, O Perigo] e fazem sentido, além de serem interessante leitura. Basta dizer, por exemplo, que na primeira ocasião em que encontrou os membros do grupo, ele os impressionou de forma contundente ao tirar-lhes 26 mil dólares no jogo.

Ao que parece, então, oficiais do governo mexicano de fato acreditam que uma coleção de crânios de cristal existiu no passado – e ela foi dispersada durante o longo reinado ditatorial do presidente mexicano Porfírio Diaz, que governou o México de 1876 a 1911 (e foi forçado a renunciar por um breve período entre 1880 e 1884).

Já se alegou que outros crânios de cristal, além do de Mitchell-Hedges, vieram dessa mesma coleção hipotética, incluindo um chamado "Ami". O site na internet biblitecapleyades.net diz que esse crânio é feito de ametista e também que: "Não se sabe ao certo sua história; supostamente fazia parte de uma coleção de crânios de cristal que pertencera ao presidente mexicano Diaz de 1876 a 1910, mas também há registros de que o crânio fora descoberto na área de Oaxaca [México] e passado ao longo de gerações em uma ordem de sacerdotes maias. Localiza-se hoje em San Jose, Califórnia, com um grupo de executivos que o estão pondo à venda".

De forma similar, já se falou que o crânio mantido pelo Smithsonian veio da coleção de Porfírio Diaz. Foi entregue ao Smithsonian anonimamente acompanhado de uma nota que dizia:

Caro senhor, este crânio asteca de cristal provavelmente fez parte da coleção Porfírio Diaz, e foi comprado na Cidade do

México em 1960 (...) Ofereço-o ao Smithsonian sem qualquer
ônus (...) Obviamente, desejo permanecer anônimo (...)[7]

Já se afirmou algumas vezes que esse crânio é o maior e mais feio de todos os crânios de cristal. Pesa 14,5 kg. É feito de cristal de quartzo fumado e tem bom acabamento, mas suas feições foram esculpidas de forma grosseira.

Quando o Museu Nacional Smithsonian de História Americana tentou encontrar o doador, descobriram que já falecera. Na verdade, seu advogado afirmou que, após enviar o crânio ao museu, seu cliente se suicidou. Depois de haver comprado o crânio, sua esposa morrera e seu filho sofrera um terrível acidente que o deixara em estado vegetativo. E então o homem foi à falência.

Inicialmente, alguns membros da equipe do museu acreditavam que o crânio era uma relíquia amaldiçoada. Então alguns testes foram feitos em Londres nesse crânio e em dois outros crânios que pertenciam ao Museu Britânico. Os testes foram supervisionados por Jane Walsh, do Smithsonian, e determinaram que todos os três crânios haviam sido feitos com o uso de ferramentas modernas. Walsh afirmou: "Descobrimos que todos os crânios de cristal haviam sido esculpidos com rodas abrasivas modernas, revestidas, e diamantes industriais, além de ter sido polidos com maquinário moderno".

Mas pode um crânio de cristal ser comprado no México e ao mesmo tempo ser uma falsificação moderna? Sim, com certeza. Poderia um crânio de cristal que foi parte da suposta coleção Porfírio Diaz também ser uma falsificação moderna? Isso também é possível. Examinemos, brevemente, quem era Porfírio Diaz.

Diaz era em parte mixteca, o que provavelmente fazia com que apreciasse crânios de cristal e outros padrões pictóricos antigos tanto quanto qualquer imperador ou presidente mexicano. Ele nasceu em 15 de setembro de 1830 na cidade de Oaxaca. Seu pai era um modesto estalajadeiro da cidade que morreu quando Porfírio tinha apenas 3 anos. Sua mãe tentou manter a estalagem, mas foi à falência. Ela então mandou o menino para o seminário, a fim de que se tornasse padre. Entretanto, ele se rebelou contra a autoridade da Igreja Católica e entrou para o Exército.

Tendo sido bem-sucedido na carreira militar, Diaz entrou para o Instituto de Ciencias y Artes para estudar Direito. Ficou proeminente ao apoiar Benito Juarez e os liberais na Guerra da Reforma e na guerra contra o imperador Maximiliano e os franceses durante os anos-chave de 1861 até 1867.

---

7. MORTON, Chris & THOMAS, Ceri. *The Mystery of the Crystal Skulls*. Santa Fe, NM, USA: Bear & Co., 1998. BOWEN, Sandra, NOCERINO "Nick" & SHAPIRO, Joshuah. *Mysteries of the Crystal Skulls Revealed*. Pacifica, California, USA: J&S Aquarian Networking,.1988.

Afirma-se que o crânio do Museu Britânico emergiu pouco antes da ocupação francesa, que começou em 1862 e foi até 1864. Por fim, foi adquirido na joalheria Tiffany's por *sir* John Evans, em 1897, e doado ao Museu Britânico.

Diaz sonhava em defender seu país contra os Estados Unidos e queria ser presidente do México. Foi derrotado por Benito Juarez nas eleições de 1867 e 1871; após cada derrota, comandou levantes fracassados contra o governo, dizendo estar lutando contra a poderosa influência de investidores estrangeiros no México.

Mais uma vez Diaz perdeu a corrida presidencial em 1876 e insuflou outro levante contra o governo. Dessa vez foi bem-sucedido e derrubou o presidente, Sebastian Lerdo de Tejada. Foi empossado como presidente em 1877 e governou o México até 1911, quando fugiu para a França. Diaz morreu em 1915, e está enterrado no Cimetière du Montparnasse em Paris. É interessante pensar se algum de seus crânios mágicos de cristal pode ter sido enterrado com ele.

Nos tempos turbulentos do final dos anos de 1800, Diaz foi forçado a dividir seu considerável tesouro – que aparentemente incluía alguns crânios de cristal. No Estado natal de Diaz, Oaxaca, vários itens incomuns de cristal foram encontrados em Monte Alban. Um deles era uma taça de cristal da tumba número 7, que, na metade dos anos de 1990,[8] estava sendo testada pelo Smithsonian.

Está claro que Oaxaca era uma área em que autênticos objetos antigos de cristal podiam ser encontrados. Haveria Porfírio Diaz adquirido pessoalmente alguns de seus crânios de cristal em Monte Alban ou outras áreas de Oaxaca? Teriam outros crânios vindo de coleções ainda mais antigas, mantidas pelos vários imperadores do México?

Há uma lenda popular, descrita em detalhes no capítulo anterior, segundo a qual há 13 crânios em tamanho real que, quando colocados juntos, criariam alguma espécie de matriz de poder. À luz de como as lendas viajam, é de se perguntar se esta não teria surgido a partir da possibilidade de que Porfírio Diaz tivesse os 13 crânios como parte de sua coleção.

Sibley Morrill diz, basicamente, que os crânios de cristal maiores como o Mitchell-Hedges e os de Paris e Londres eram da coleção do ex-presidente mexicano, que incluiria ainda mais crânios do que os três já citados. Poderosos negociantes de artes, como o lorde Duveen de Millbank, e ricos colecionadores, como J. P. Morgan e seus colegas de pôquer, eram todos parte da equação de compra – e de venda – de arte rara e colecionável vinda dos astecas, maias e outras civilizações mesoamericanas, possivelmente incluindo os crânios de cristal.

---

8. Ibid.

O lorde Duveen já foi classificado como o mais influente negociante de artes que já viveu, tendo provido museus da Europa e da América com seus artefatos cuidadosamente escolhidos. Suas aquisições, ao que parece, incluíam alguns crânios de cristal. Um de seus associados era Eugène Boban, negociante de artes francês especializado em arte mexicana e conhecido por ter lidado com certa quantidade de crânios de cristal.

Boban trabalhou nos arredores da Cidade do México entre 1860 e 1880 e era um negociante de artes bastante prolífico. Embora fosse de caráter um tanto duvidoso, era conhecido por prevenir colecionadores quanto a artefatos pré-colombianos falsificados. Tanto o crânio de cristal do Museu Britânico quanto o de Paris passaram por suas mãos, assim como vários outros crânios. Eram vendidos como sendo de origem asteca.

Eugène Boban, negociante de artes francês, em 1867.

Curiosamente, uma investigação feita pelo Smithsonian indicou que o crânio de Londres vindo de Boban havia sido provavelmente feito em Idar-Oberstein, Alemanha, em meados dos anos de 1800; outras fontes afirmam que foi feito na Áustria por volta da mesma época. Testes feitos pelo Museu Britânico em 1996 demonstraram que o crânio foi esculpido por meios modernos, e essa conclusão foi corroborada oficialmente pelo próprio Museu Britânico em 2005. Entretanto, arqueólogos franceses ainda sustentam a opinião de que o crânio de cristal de Paris é autenticamente asteca.

Será que Boban negociava falsificações modernas de crânios de cristal de propósito? Seriam alguns de seus crânios de cristal autênticos artefatos pré-colombianos do México? Será que a demanda por crânios de cristal era tão grande a ponto de ele os ter encomendado para mais tarde vender a museus? Seria possível que os crânios de cristal alemães tivessem sido levados para o México, onde teriam sido adquiridos por Boban e trazidos de volta à Europa (dessa vez para Paris) e então vendidos como autênticos crânios de cristal?

É de se perguntar se alguns dos crânios alemães não seriam parte da suposta coleção Porfício Diaz. É até mesmo possível que Diaz tenha encomendado ele mesmo os crânios. Curiosamente, ele acabou em Paris, assim como Eugène Boban, que morreu ali em 1908.

Morrill teoriza que o crânio Mitchell-Hedges foi mantido no México como parte do tesouro adquirido por Pancho Villa e outros revolucionários que lutaram contra Diaz nos últimos anos de sua presidência. Esse tesouro final fora então dividido e usado como pagamento a vários generais e governadores – o espólio aos vitoriosos. Morrill acredita que Mitchell-Hedges e Ambrose Bierce compraram o crânio e mais tarde levaram-no para as Honduras britânicas (Belize), onde o guardaram em um cofre de banco.

Ele acredita que foram para a Inglaterra em 1914 e então retornaram a Belize. Mitchell-Hedges reouve então o crânio, e Bierce foi cuidar de seus próprios negócios.

Presume-se que esse tesouro secreto contendo crânios de cristal e outros objetos, dos quais não há registro oficial, seja a fonte da maioria dos crânios de cristal agora em museus e coleções particulares ao redor do mundo.

O livro de Morrill é único, por ser na verdade o ponto culminante de seus estudos sobre Ambrose Bierce, jornalista que ele claramente admirava. Mas quem era Ambrose Bierce? Como ele se envolveu com crânios de cristal?

Nascido em Ohio, 1842, Ambrose G. Bierce foi oficial do Exército dos Estados Unidos pelos unionistas durante a Guerra Civil. Depois da guerra virou jornalista e autor, e decidiu viver em São Francisco. Tornou-se famoso por sua coleção de histórias da Guerra Civil, incluindo a ainda famosa "Um incidente na ponte de Owl Creek". Mais tarde ele escreveu *O dicionário do Diabo*, um livro de sátira e definições cômicas. Bierce era considerado um dos maiores escritores de sua época, e por vezes foi comparado a Mark Twain. Também admitia ser fascinado pelo oculto.

Ele foi assunto do filme *Gringo Velho*, produzido pela Fonda Films Company [no Brasil, distribuído pela LK Tel], com Gregory Peck no papel de Bierce, que ainda hoje continua a fascinar as pessoas. Também é uma espécie de lenda urbana da cidade de São Francisco, porque repentinamente desapareceu no Norte do México junto com Pancho Villa e, segundo Morrill, Mitchell-Hedges.

Bierce viveu em São Francisco por mais de 30 anos trabalhando como repórter e colunista muito bem pago para a agência de notícias de Hearst. Bierce supostamente não gostava de Hearst, mas concordava com algumas de suas políticas. Em essência, ele era o agente jornalístico de Hearst em Washington e em Nova York, e escrevia reportagens favoráveis ao ponto de vista deste.

De repente, em 1913, Bierce anunciou, de Washington, que iria viajar para o México, um país à beira da revolução, cruzando a parte norte e depois indo até o Panamá. Ele visitou os antigos campos de batalha da Guerra Civil e depois foi para Laredo e El Paso, Texas, onde acabou se reunindo com o exército de Pancho Villa em Juarez como observador, passando, então, a "cavalgar com Villa".

"Cavalgando com Villa" naquela época também estava Mitchell-Hedges, que escreve sobre isso em seu último livro, uma biografia completa de sua vida, *Danger My Ally*.⁹ Mitchell-Hedges diz ter participado de ataques promovidos por Villa, mas era fundamentalmente seu "prisioneiro". Curiosamente, observa Morrill, Mitchell-Hedges nunca menciona Ambrose Bierce em sua afirmação de estar "cavalgando com Villa", o que parece estranho. Ambrose Bierce é famoso ainda hoje, e estava certamente com Villa naquele mesmo período, e então repentinamente desapareceu.

O desaparecimento de Bierce é considerado um dos maiores mistérios de pessoas desaparecidas do século XX. Ele simplesmente sumiu em fins de 1913. Mesmo que tivesse sido executado por Villa ou outra pessoa, sua morte teria sido notada por "observadores" que estavam cavalgando com Villa – como Mike Mitchell-Hedges. Várias teorias foram formuladas sobre o destino de Bierce: que ele foi morto durante a batalha de Ojinaga; que levou tiros de um esquadrão de soldados huertistas em uma antiga vila mineradora dos zacatecas, ou em outra cidade montanhosa chamada Sierra Mohada; ou que Bierce voltou para os Estados Unidos e morreu no Texas – ou até mesmo que tenha se matado com um tiro no Grand Canyon, quando já estava velho e pronto para morrer.

Todas essas teorias têm sido aventadas nos vários livros escritos sobre Bierce, mas a de Morrill é única.

Sabe-se que Bierce levava pelo menos 2 mil dólares em moedas de ouro quando foi para o México. Era uma soma considerável para a época, e moedas de ouro eram o que bastava para uma pessoa comprar seu caminho pelo México durante aqueles turbulentos dias de revolução. Bierce e Mitchell-Hedges, e todos os outros, teriam se armado até os dentes. Pode-se imaginar que levassem consigo pistolas, um rifle e munição extra, uma vez que isso seria difícil de encontrar no México. Em resumo, homens como Ambrose Bierce e Mitchell-Hedges eram o bando fanfarrão e aventureiro de turistas da virada de século: queriam diversão, aventura, pôquer, mulheres indomáveis e revolução – no melhor estilo mexicano! Era melhor entrar naquela festa com algumas armas e munição – e foi o que fizeram!

É incrível a ideia de que os vários imperadores, presidentes e governadores do México possam ter feito uso de crânios de cristal para prever o futuro e aumentarem seu poder. Em uma nação mergulhada no ocultismo, na bruxaria e no culto aos crânios, os presidentes do México, e especialmente o ditador Porfirio Diaz, podem ter incluído crânios de cristal como

---

9. MITCHELL-HEDGES, F. A. *Danger My Ally*. London: Elek Books, 1954.

parte de seu arsenal de dominação. Dizia-se que esses crânios mágicos podiam matar e causar males àqueles contra quem fossem usados.

Tais histórias podem ter sido contadas por Pancho Villa a Mike Mitchell-Hedges enquanto cavalgavam juntos, dando assim origem à história do *Skull of Doom* [Crânio do Juízo Final] que ele contou nas rádios britânicas repetidas vezes no final dos anos de 1940 e começo dos anos de 1950. Alguns acreditam que Mitchell-Hedges tenha obtido o conceito de seu "crânio da morte" a partir de um feiticeiro no Leste de África, que ele menciona brevemente em *Danger My Ally*.[10]

É uma grande cena de se imaginar, que talvez seja um dia transformada em filme por algum produtor ousado ainda por surgir: Bierce e Mitchell-Hedges, Pancho Villa e alguns de seus amigos, e mais outros estrangeiros, jogando pôquer em uma mesa grande, cercados por moedas de ouro, objetos de prata e crânios de cristal, possivelmente usados para incrementar as apostas. E com suas armas também em cima da mesa... Hã... provavelmente não em cima da mesa.

Era uma vida dura e inclemente, e à vezes todos estão apontando suas armas – exceto você. Não era incomum ser colocado sob suspeita e ser executado como espião. No caso de Bierce, talvez alguns bandidos quisessem pôr as mãos nos 2 mil dólares, uma fortuna no México daquela época. Afirma-se que Bierce estava pronto para morrer e provavelmente teria saído para lutar, uma vez que nunca andava sem uma pistola. Como já observamos, um biógrafo até afirma que ele atravessou o Norte lutando na batalha de Ojinaga, chegou ao Texas e então foi até o Grand Canyon, onde se matou com um tiro. Não é incrivelmente estranho?

Todas as biografias de Bierce incluem o controverso incidente em que ele deu um tiro em um *huerista* em 1913 para demonstrar sua lealdade a Pancho Villa. Em uma de suas últimas cartas a parentes e amigos, ele admite ter atirado no prisioneiro no estilo pelotão de fuzilamento, na frente de Villa. Naturalmente, seus amigos e família ficaram chocados que Bierce pudesse matar um desconhecido dessa forma.

Logo depois, Ambrose Bierce desapareceu e, supostamente, nunca mais se teve notícias dele. Segundo seus biógrafos, entretanto, ele aparentemente enviou várias cartas à filha em Illinois dizendo que estava na Inglaterra com lorde Kitchener; história que acabou se confirmando ao aparecer em uma edição de 9 de março de 1915 do [jornal] *Oakland Tribune*.

Seria possível que Ambrose Bierce e Mike Mitchell-Hedges tivessem cavalgado com Villa por um tempo, comprado o famoso crânio de cristal Mitchell-Hedges por mil dólares em ouro (ou algo do tipo) – ou possivelmente obtido o objeto em uma aposta nas cartas – e então cavalgado para o interior do México, a caminho das Honduras britânicas? Pode ter sido esse o caso.

---

10. Op cit.

Morrill acredita que tanto Bierce quanto Mitchell-Hedges fossem espiões para os governos americano e britânico, enviados ao México para ver o que estava acontecendo durante aqueles anos. Naquela época, diz ele, a Grã-Bretanha estava substituindo a frota movida a carvão por uma movida a petróleo, e quase todo o petróleo para a frota britânica vinha do México. Proteger os interesses britânicos quanto ao petróleo mexicano era de importância fundamental, e parece bastante óbvio a Morrill que Mitchell-Hedges estivesse em uma missão de espionagem para o governo britânico.

Se Bierce desapareceu e nunca mais se ouviu dele (exceto pelas cartas misteriosas enviadas da Grã-Bretanha que foram "destruídas" por sua filha), podemos ao menos ficar satisfeitos que Mitchell-Hedges não tenha desaparecido, e que mais tarde tenha emergido em vários lugares, como a Inglaterra, Nova York e as Honduras britânicas.

Mike Mitchell-Hedges mantinha um estranho silêncio quanto a Bierce, embora Morrill, que visitou Dorland e Anna ("Sammy") Mitchell-Hedges na região de São Francisco no final dos anos de 1960, tenha dito que: "Anna Mitchell-Hedges recorda-se ter ouvido o pai dizer que acreditava que Bierce havia morrido no Panamá".

Para Morrill, Bierce não conseguiu chegar ao Panamá. Ele acredita que Bierce acabou indo para as Honduras britânicas, e foi investigar o suposto Triângulo de Yalbac quanto aos estranhos desaparecimentos reportados ali.

Um dos amigos de Mike Mitchell-Hedges era o dr. Thomas Gann, oficial médico e oficial do governo britânico nas Honduras britânicas. Gann trabalhava em vários projetos arqueológicos na região, incluindo as escavações de Lubaantun.

Em seu livro de 1925 *Mystery Cities*,[11] Gann escreve sobre suas próprias experiências na América Central, incluindo a área em que haviam ocorrido os estranhos desaparecimentos. Essa área é próxima às vilas de Chorro e Yalbac, que são "alguns dos assentamentos indígenas mais remotos da selva, onde nunca, ou raramente, foram vistos homens brancos". Sua razão para querer visitar tais lugares era que: "Os indígenas, especialmente nas repúblicas hispano-americanas, tomam todas as precauções possíveis para que suas vilas não apareçam, escondendo-as nas profundezas da selva, onde são impossíveis de achar", e ele queria ver como eram. Ele atribui toda essa discrição à "sobrevivência (...) do terror, herança dos dias coloniais dos espa-

---

11. GANN, Thomas. *Mystery Cities*. London: Duckworth, 1925. Reimpresso em 1994 como *Mystery Cities of the Maya*, AUP, Kempton, Illinois, USA.

nhóis", e conclui que, embora "os indígenas das Honduras britânicas tenham recebido tão-somente encorajamento e um tratamento amável por parte do governo local, antigos instintos demoram a desaparecer".

Gann foi ver como eram essas vilas e descobriu que não era difícil encontrar os indígenas de Chorro ou aqueles de Yalbac por volta de 19,3 quilômetros mais à frente. Sua caminhada pela mata ocorreu sem incidentes, apesar de ter sido necessário passar por uma seção na selva de "reputação um tanto sinistra". A área triangular, de um lado fechada por um rio e dos outros dois lados "por trilhas já bem abertas", era de tal natureza que "qualquer pessoa tentando achar o caminho por ali não teria encontrado a menor dificuldade para sair; e, mesmo assim, em alguns anos não menos do que três pessoas haviam desaparecido misteriosamente sem deixar vestígios, e nunca mais se teve notícia delas".

O dr. Gann, que não tem teorias quanto aos desaparecimentos, descreve-os da seguinte forma, segundo a versão resumida de Morrill:

> O primeiro foi Bernardino Coh, 17, que saiu de casa em uma manhã para visitar Yalbac com a intenção de caçar no caminho. Tomou café com um amigo na vila de San Pedro, pela qual teria que passar, e ao partir foi a última vez que foi visto. Três dias depois, sua família e amigos, preocupados com seu desaparecimento, começaram a procurar por ele. Ao longo da trilha de San Pedro a Yalbac, "o olho ágil de um dos indígenas descobriu um local em que alguém havia recentemente forçado passagem da trilha para dentro da mata". Seguindo a pista por mais ou menos uma milha, encontraram a bolsa de munição do rapaz caída no chão, ainda contendo cápsulas, um porta-pólvora de chifre, fósforos e um maço de cigarros de palha. Para além disso, a pista era fácil de ser seguida, uma vez que o garoto parecia ter avançado de forma desastrada de um lado para o outro, esmagando vegetação mais rasteira e quebrando vários galhos menores. De repente, o caminho que ele abriu desembocava em uma pequena clareira, como é comum encontrar em florestas (...) A pista, até chegar na clareira, era clara e inconfundível, mas não havia qualquer traço de que alguém houvesse pisado a grama selvagem, em que pegadas perfeitamente inconfundíveis são sempre deixadas (...) não havia indicação de que alguém houvesse saído da pequena clareira, não havia sinais de luta e... nem sinal do garoto.

O próximo desaparecimento foi o de um tal sargento Bascombe do regimento policial em Cayo, "um homem de proporções hercúleas, que precisaria de outros três para derrubarem-no". Bascombe foi para Yalbac acompanhado de um intérprete para prender um criminoso, que ficou sabendo e fugiu antes que Bascombe chegasse.

No dia seguinte, o intérprete voltou de Yalbac de manhã cedo, mas Bascombe decidiu adiar a volta até quase o meio-dia na esperança de que o fugitivo pudesse aparecer. Ao meio-dia, Bascombe deixou Yalbac com bastante tempo para chegar a Cayo antes do anoitecer.

Na noite seguinte, quando notaram que Bascombe ainda não havia aparecido, o regimento começou a procurar por ele com a ajuda de um grande grupo de indígenas. Menos de 1,6 quilômetro ao longo da estrada que saía de Yalbac, "uma larga trilha foi encontrada em que alguém cavalgando uma mula havia aberto caminho e forçado passagem pelos arbustos. O caminho pôde ser facilmente seguido e, algumas centenas de jardas mais à frente, a mula de Bascombe foi encontrada amarrada, pastando calmamente". A trilha de Bascombe foi então seguida a partir do ponto em havia desmontado, e "sua machadinha e seu cinto de couro foram vistos caídos no chão. Um pouco mais à frente estava seu revólver no coldre de couro e, por fim, o chapéu de feltro do uniforme que estivera usando quando fora visto da última vez. A trilha se estendia um pouco mais e, então, como ocorrera com Bernardino, terminava em uma pequena clareira, sem sinais de luta ou do homem desaparecido, e a partir da qual nenhuma outra trilha saía. Grandes recompensas foram oferecidas" e o país foi completamente vasculhado por grupos de homens, mas nada mais foi encontrado.

O terceiro caso envolveu o comissário civil Rhys, que acompanhava uma tropa para dentro daquela área à caça de um bando de indígenas icaiche, que estavam roubando toras de mogno para além das fronteiras. A tropa foi atacada pelos icaiche "enquanto descansava em uma passagem aberta na mata para transportar mogno para o rio de caminhão". Os icaiche botaram a tropa para correr, matando cinco e ferindo 16. Mas, "curiosamente, os indígenas não tiraram vantagem da oportunidade que então se apresentava, pois ao invés de seguirem seus adversários derrotados, a quem poderiam ter facilmente dizimado, calmamente se retiraram para dentro da mata na direção oposta".

Quanto ao comissário Rhys, nunca mais foi visto novamente. Os mortos e feridos foram facilmente encontrados depois que a tropa reuniu-se e voltou à cena. Mas não conseguiram descobrir nada que explicasse o destino do comissário, a não ser que não havia sinais de que ele houvesse sido levado pelos icaiche como prisioneiro.

Embora o dr. Gann não tenha encontrado, ao chegar em Yalbac, nada que pudesse ser classificado como misterioso, deparou-se com algo que poderia parecer misterioso se sua mente estivesse aberta a certas possibilidades. Na tarde de sua chegada, foi informado por um indígena de uma caverna que este havia encontrado e que continha alguns velhos vasos de cerâmica. No dia seguinte – e contra os desejos do chefe, ou *jefe*, da comunidade – o médico partiu antes do amanhecer para investigá-la. Após atravessar 9,6 quilômetros de mata fechada, ele e o indígena encontraram rochas pedregosas, sem vegetação, algumas medindo de 15 a 30 metros de altura". Na parede de uma delas, viram uma abertura uns seis metros acima do chão. Escalaram e adentraram-na.

"O chão da caverna era, a princípio, bastante plano, e coberto com um depósito calcário duro que havia pingado do teto (...) Ao escavar o depósito com meu facão, desenterrei com facilidade três pequenas contas de jade polido." Perto de uma pedra, encontraram duas pilhas de galhos finos de pinheiro. Gann concluiu que haviam sido deixados lá séculos antes, mas, uma vez que ainda estavam em perfeitas condições, ele acendeu um e prosseguiu com a exploração.

"Por uma distância considerável a passagem era estreita e plana, mas repentinamente o chão virou uma rampa íngreme para baixo, e nosso caminho foi então bloqueado por uma pequena lagoa de água cristalina. Andando por uma elevação em sua margem, deparamo-nos com uma parede rochosa de 1,2 ou 1,5 metro de altura, além da qual entramos em outra passagem." Ali encontraram bastante cerâmica, o que os conduziu para uma "grande câmara rochosa cujo tamanho e forma exatos não éramos capazes de definir, pois a luz da tocha não era suficiente".

Havia outras passagens que conduziam àquela caverna. Antes que a última tocha apagasse, Gann percebeu que "o topo de uma das estalagmites na grande câmara havia sido grosseiramente esculpido para representar uma cabeça humana, e que em frente a ela estava um bloco de pedra mais ou menos cúbico que pode ter servido como altar".

Pouco depois que Gann saiu da caverna, foi avisado por um indígena de que precisavam dele com urgência em Yalbac, pois havia acontecido um acidente grave. "Como ele [o indígena] nos havia conseguido seguir por 9,6 quilômetros de mata e chão pedregoso, onde, aos meus olhos inexperientes, ele não havia deixado qualquer marca, era para mim inexplicável; mas ele o havia feito, e ainda por cima de forma rápida."

Gann acabou voltando, é claro, para dar outra olhada na caverna, mas não deu indicações de ter explorado as passagens que saíam da grande câmara. Também não disse se havia chegado em outra caverna cuja entrada ele havia visto à distância na face da rocha de pedra calcária, durante sua visita, indicando que os indígenas não haviam sido cooperativos.

Tudo isso sugere que os nativos o haviam vigiado de perto e, finalmente, decidindo que seus principais interesses de fato residiam em Lubaantun, acharam melhor deixar que fizesse suas explorações inofensivas e depois ir embora. Em resumo, foram bastante cautelosos para não permitir que ele se deparasse com aquilo que Coh e Bascombe haviam visto, então não havia razão para fazê-lo desaparecer da civilização.

Afinal, a única explicação sensata quanto ao desaparecimento de Bernardino Coh, do sargento Bascombe e do comissário Rhys é que viram algo que não deveriam ter visto.

O que Coh e Bascombe viram era de tal natureza que os compeliu a sair da trilha para investigarem, e provavelmente o mesmo aconteceu com Rhys. Quanto ao que foi que viram, simplesmente não há como saber, a essa altura.

Entretanto, parece provável que o que quer que tenha atraído os homens desaparecidos para fora da trilha através da mata até uma clareira a partir da qual desapareceram, estava de alguma forma ligado às centenas de milhares de crânios que tanto impressionaram Bernal Diaz del Castillo aquele dia em Zocotlan, e ao próprio crânio de cristal e, portanto, ligado a Bierce, na base de nossa hipótese.

Ao fim desta citação, Morrill faz referência à história contada por Bernal Diaz del Castilho. Ele acompanhou Cortez durante a conquista e escreveu sobre o assunto em seu livro *The Discovery and Conquest of Mexico* [A Descoberta e a Conquista do México] (várias traduções, como a edição de 1956 da editora Farrar, Straus and Cudahy, tradução de Irving A. Leonard). No capítulo 2, "A marcha para dentro do continente", Diaz del Castillo descreve ter observado pilhas de crânios em Zocotlan (ou Xocoltlan): "Recordo-me de que, na praça em que ficavam alguns de seus oratórios, havia pilhas de crânios humanos tão regularmente organizados que se poderia contá-los, e calculei que devia haver mais de 100 mil. Mais uma vez repito: havia mais de 100 mil deles".

Morrill chega, no fim, à bizarra conclusão de que algum tipo de bruxa voadora, *bruja*, chupacabras ou "skinwalker" [feiticeiro navajo que se transforma em um animal, como coiote, lobo ou coruja] era de alguma forma responsável pelos desaparecimentos em Belize, incluindo o de Bierce. Morrill já havia escrito um livro sobre a vida do padre Junipero Serra, da Igreja Católica Romana do México, que foi um dos missionários pioneiros na Califórnia.

De acordo com Morrill, o padre Serra era membro da Inquisição da Cidade do México e escreveu sobre um caso de bruxaria em 1º de setembro de 1752:

> "Tenho posse de várias indicações graves de que, no distrito desta minha missão e em sua vizinhança, há várias pessoas da classe conhecida como 'gente de razón', ou seja, não indígenas. Essa classe é viciada nos crimes mais detestáveis de bruxaria, feitiçaria e adoração ao Demônio, e compactuam com eles [os demônios] e outros, investigação cuja responsabilidade é do nosso Venerável Tribunal de Inquisição. E se é necessário especificar um dos culpados de tais crimes, acuso por nome uma certa Melchora de los Reyes Acesta, que habita a referida missão, a quem nós sacerdotes acusamos (...) A esse respeito, nos últimos dias uma tal Cayetana, uma mexicana muito esperta (...), confessou – após ter sido observada e acusada de crimes similares, tendo sido presa por nós dias atrás – que na missão há uma grande congregação das tais 'personas de razón', que portanto não são indígenas, embora alguns também se reúnam com eles, e que essas pessoas, não indígenas, voando pelos ares durante a noite, têm o hábito de se encontrar em uma caverna de uma colina perto de um rancho chamado El Saucillo, no centro das citadas missões, onde adoram e sacrificam aos demônios, que aparecem disfarçados de jovens bodes e várias outras coisas daquela natureza".

Morrill, sabendo que Bierce era bastante interessado em coisas estranhas e ocultismo, como bruxas voadoras e desaparecimentos inexplicáveis, prossegue dizendo:

> A razão pela qual citamos este relatório do padre Serra deve-se principalmente às referências de "voos pelos ares" de

pessoas que usavam cavernas, serem feiticeiros, alguns dos quais indígenas, mas a maioria "gente de razón", embora não espanhóis, uma vez que assim não teriam sido classificados. Apesar da possibilidade de que a "gente de razón" fossem pessoas de sangue misto, é também provável que fossem membros de outro povo. Este descenderia dos "brancos barbados", aos quais os espanhóis fizeram referência do Peru à Califórnia, e sobre os quais Bierce ficou sabendo por meio de suas várias leituras, incluindo as histórias de H. H. Bancroft, assim como pelo fato de conhecer pessoalmente alguns dos autores de tais histórias.

A relevância disso para nossa hipótese sobre Bierce, Mitchell-Hedges e o crânio de cristal nas Honduras britânicas é a seguinte:

Mesmo que Bierce tenha ido para a Inglaterra em 1914 e retornado meses depois, ou se simplesmente permaneceu nas Honduras britânicas e deu a carta a Mitchell-Hedges para que este a enviasse da Inglaterra, o fato é que decidiu investigar tanto o Triângulo de Yalbac quanto muitos outros lugares igualmente misteriosos por toda aquela região. E, por causa de sua asma, teria provavelmente investigado lugares em que houvesse colinas e, portanto, cavernas e penhascos.

Essa possibilidade não é de forma alguma fantástica. Qualquer leitor dos trabalhos de Bierce reconhecerá de imediato a atração que o crânio de cristal e sua origem teriam exercido sobre ele. As faces da morte, por assim dizer, faziam sua mente fervilhar. O macabro o atraía tremendamente. A possibilidade de que havia forças desconhecidas nas mãos dos descendentes de antigas civilizações – talvez até brancas, quem sabe – teria capturado seu interesse. Uma vez que sabia que a história do México e da América Central continha várias sugestões do tipo de coisa descrita pelo padre Serra e outros inquisidores, ele teria, por meio do estímulo do crânio, do país e de seu próprio conhecimento, precisamente o tipo de assunto que mais combinava com ele e com aquela época de sua vida.

De fato: não apenas sua ida ao México como agente de espionagem, mas também seu envolvimento com o crânio de cristal estariam completamente de acordo com um belo e sábio comentário feito por McWilliams sobre Bierce prestes a completar 60 anos: "seu espírito idealista-romântico continuou a fazer incursões em direção à 'estranheza' da experiência, o que por fim o atraiu àquele brilho fosforescente ao longo das terras mexicanas".

Ambrose Bierce, nascido em 1842, desapareceu misteriosamente no México em 1914.

(...) Então, se ele se aventurou pelo Triângulo de Yalbac ou por algum outro lugar misterioso naquela área, algo que pode ter acontecido com ele é um desaparecimento semelhante ao experimentado por Coh e Bascombe. A explicação mais óbvia para esses desaparecimentos – e meu respeito ao falecido Charles Hoy Fort – é que os homens foram levados voando de suas clareiras por pessoas desconhecidas que em seguida os levaram para debaixo da terra através das cavernas.[12]

Embora a história de Gann e a estranha conclusão de Morrill possam parecer tão incríveis quanto impossíveis, pode-se imaginar que qualquer pessoa associada a crânios de cristal poderia acabar tendo ideias incomuns. Considerando-se as histórias modernas sobre o chupacabras e os "humanoides voadores" (sobre os quais já se fizeram filmes) em Porto

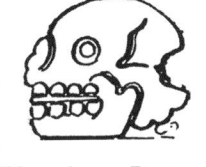

---

12. MORRILL, Sibley S. *Ambrose Bierce, FA Mitchell-Hedges and the Crystal Skull*. San Francisco, USA: Cadleon Press, 1972.

Rico, no Texas e no México ao longo das últimas décadas, pode-se encarar o relatório do padre Serra e as histórias de Gann como alguns dos relatos mais antigos dessas ocorrências hoje aparentemente comuns. A cidade de Monterrey, no Norte do México, foi aterrorizada em 2004 por uma "bruxa voadora" que, em dado momento, pousou no capô do carro de patrulha de um policial e em seguida tentou atacá-lo pela janela. A TV mexicana falou sobre o curioso incidente por várias semanas.

Teria algum desses monstros-bruxas-humanoides voadores levado embora as várias pessoas que Gann descreveu, e então abduzido Ambrose Bierce? Sibley S. Morrill acredita que sim – talvez após olhar para um crânio de cristal.

Chegamos então ao fim da incrível história de Morrill, temperada com monstros voadores, jogadores de pôquer, aventureiros, uma coleção de crânios de cristal, negociantes corruptos de arte, revolucionários mexicanos e cidades perdidas dos maias nas selvas da América Central. Ainda assim, tocamos apenas a superfície dos enigmas associados aos crânios de cristal. Examinemos mais detalhadamente Mike Mitchell-Hedges e sua associação com crânios de cristal.

Porfírio Diaz (1830-1915) foi presidente do México durante vários períodos entre 1876 e 1911. Havia rumores de que tinha uma coleção de crânios de cristal.

Pancho Villa (1877-1923) durante a batalha de Ojinaga, em 1916.

Ambrose Bierce em retrato com um crânio. Ele era fascinado pelo ocultismo e acompanhou Pancho Villa por algum tempo antes de desaparecer. alguns biógrafos creem que ele morreu na batalha de Ojinaga; outros, que viajou pelo México e pela América Central, talvez com Mike Mitchell-Hedges.

Acima: Porfírio Diaz em retrato de 1908, pouco antes de exilar-se em Paris. À direita: o jovem Diaz em seu uniforme militar.

Cartaz da revolução no México com anúncio de alistamento, em 1913.

Pancho Villa fumando com alguns de seus amigos, em 1920.

Mike Mitchell-Hedges, lady *Richmond Brown e o dr. Thomas Gann nas ruínas de Lubaantun, por volta de 1924. Mitchell-Hedges afirmou ter sido prisioneiro de Pancho Villa.*

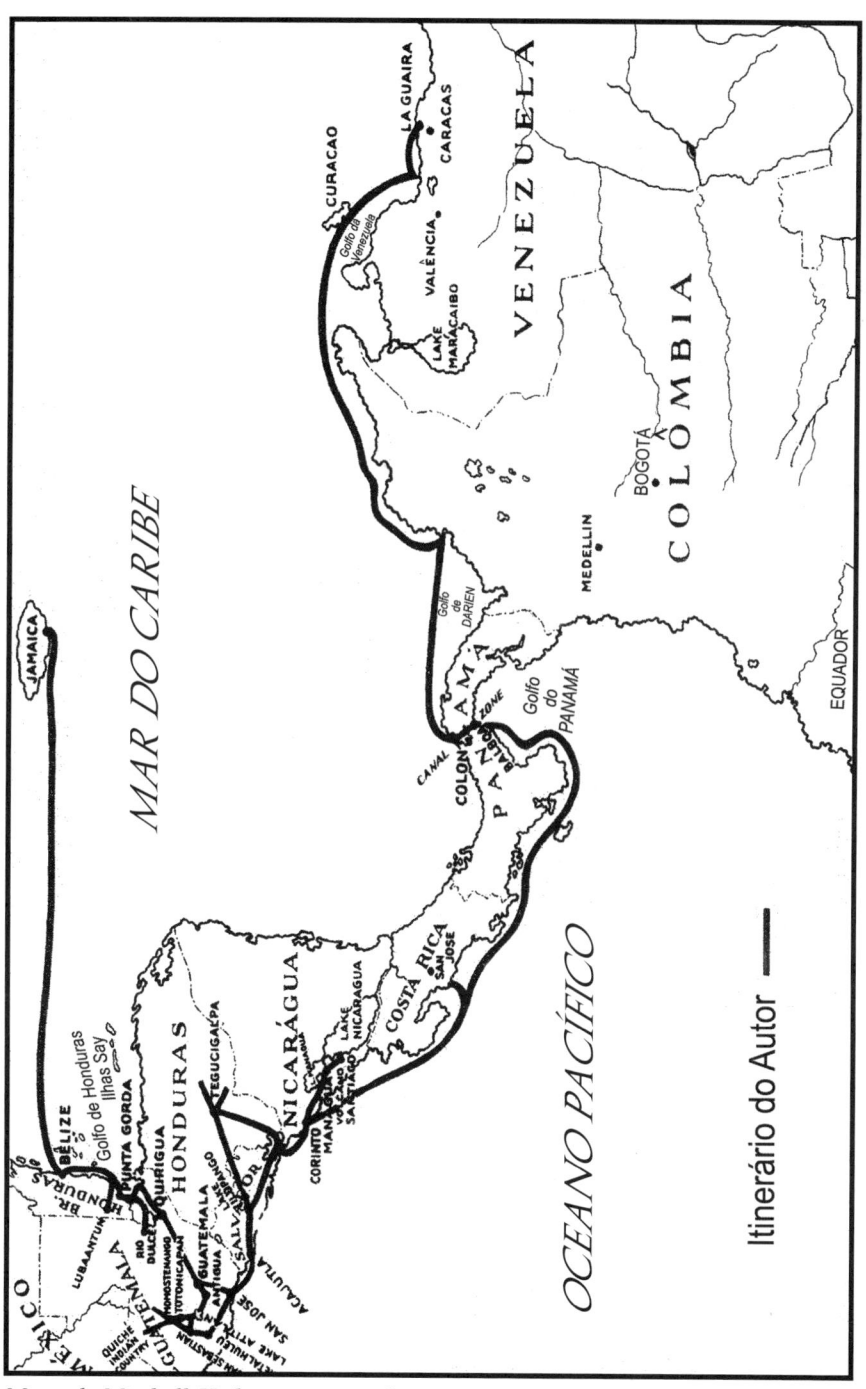

A coleção mágica de crânios de cristal do imperador mexicano 85

Mapa de Mitchell-Hedges com rota de suas viagens entre 1920 e 1930.

Um dos muitos artigos de Mitchell-Hedges para o jornal New York American.

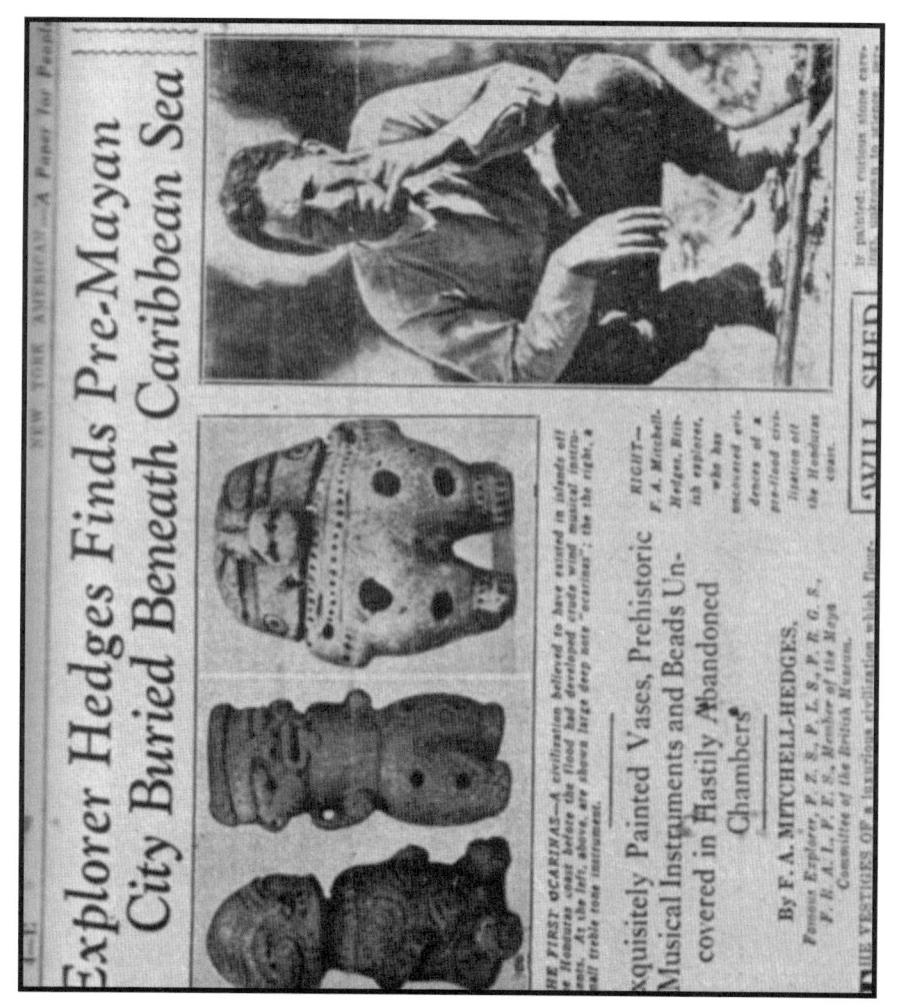

Mitchell-Hedges sempre afirmava que havia descoberto evidências da existência de Atlântida embaixo do Caribe.

Capítulo 4

F.A. "Mike" Mitchell-Hedges e o Crânio da Morte

Não há nada de novo sob o Sol — mas há muitas coisas antigas de que não temos conhecimento.
— Ambrose Bierce, O Dicionário do Diabo

É quase impossível falar de crânios de cristal em qualquer contexto sem examinar a vida de F.A. "Mike" Mitchell-Hedges. Ele conhecia muitas pessoas bem relacionadas e interessantes, incluindo J.P. Morgan, Pancho Villa, Ambrose Bierce e o dr. Thomas Gann.

Uma vida de aventuras aguardava Mitchell-Hedges (1882-1959): ele se mudou para a América em 1899 aos 17 anos, trabalhou em Nova York e Montreal, jogou pôquer com J.P. Morgan e seus amigos e então foi para o México "cavalgar com Villa". Para certos jovens rapazes, estas pareciam ser atividades divertidas para se fazer naquela época.

Mitchell-Hedges acabou indo para as Honduras britânicas, na cidade perdida de Lubaantun, em 1924, onde fez escavações com o dr. Gann e *lady* Richmond Brown. Gann descreve o período em seu livro *Mystery Cities:* "Ao retornar a Belize, em dezembro de 1924, encontrei-me com *lady* Brown e o sr. Mitchell-Hedges e, após um breve período de férias praticando pescaria nos cais e recifes ao longo da costa das Honduras britânicas, chegamos, no início de março, 1925, a bordo do iate deles, o *Cara*, a Punta Gorda, assentamento que ficava no extremo sul da colônia, com vistas a subir o Rio Grande e a continuar, pelo trecho de Columbia, nossa exploração das antigas ruínas maias de Lubaantun, à qual havíamos dado início no ano anterior".[13] Note-se que a "Belize" a que Gann faz referência era a principal cidade de um

---

13. GANN, Thomas. *Mystery cities*, London: Duckworth,1925. Reimpresso como *Mystery Citties of the Maya*, Kempton, IL: AUP, 1994.

país chamado Honduras britânicas naqueles tempos; hoje, o país inteiro chama-se Belize.

O dr. Gann tinha uma longa história de trabalho arqueológico em Belize, tendo comandado a investigação em Xunantunich que fora conduzida em 1894 e 1895. No sítio arqueológico, descobriu e removeu grandes quantidades de objetos funerários, assim como hieróglifos esculpidos em torno do Altar 1 no sítio. Atualmente, a localização desses hieróglifos e da maior parte dos objetos funerários é desconhecida.

Após suas escavações em Xunantunich, o dr. Gann recebeu ordens de investigar as ruínas de Lubaantun, bem ao sul do país. No fim dos anos de 1800, lenhadores de um assentamento chamado Toledo, perto de Punta Gorda, reportaram a existência de Lubaantun ao governo colonial britânico. Em 1903, o governador da colônia comissionou Gann para investigá-la. Gann explorou e escavou as principais estruturas em torno do pátio central e concluiu ser grande a população que ali existira. Seu relatório foi publicado na Inglaterra em 1904.

Em 1915, R.E. Merwin, da Universidade de Harvard, investigou o sítio e localizou várias outras estruturas, reconhecendo uma quadra de jogos e fazendo o primeiro desenho da cidade. Sua escavação da quadra revelou três marcadores de pedra entalhados, cada um mostrando homens jogando o jogo de bola. Curiosamente, essas foram as únicas pedras com entalhes encontradas em Lubaantun.

O dr. Gann voltou a Lubaantun em 1924 acompanhado de Mitchell-Hedges e *lady* Richmond Brown para supervisionar as escavações de partes da cidade, e a equipe retornou para outras escavações nos anos que se seguiram.

A área composta pelo norte da Guatemala, por Quintana Roo e por Belize contém ainda grande quantidade de pirâmides – e cidades perdidas inteiras – que ainda não foram escavadas dentro de suas densas e difíceis selvas. Pensar que Mike Mitchell-Hedges e seus companheiros tenham descoberto e escavado alguns desses sítios é algo excitante. A ideia de que um crânio de cristal pudesse estar envolvido, indicando que alguma forma de alta tecnologia fosse parte da civilização que produziu o artefato encontrado, é ainda mais excitante.

Belize é uma área pantanosa na costa da América Central que foi ocupada por piratas britânicos e corsários nos anos de 1600. O papa havia declarado a divisão do Novo Mundo entre Espanha e Portugal em 1494, deixando de fora, com efeito, todos os outros países europeus, incluindo França, Holanda e Inglaterra. Assim, a ocupação do Caribe e da América do Sul por mercadores e exploradores franceses, holandeses e ingleses foi feita aos poucos, com piratas e corsários ocupando ilhas remotas ou pedaços inabitados da costa. A única ocupação do tipo na América Central eram as Honduras britânicas e muitas das ilhas ao longo do enorme recife de coral que se estende pela costa. Lenhadores britânicos e corsários habitaram essa costa por vários séculos. Com ajuda dos nativos, sustentavam-se tranquilamente fornecendo madeira de qualidade aos navios dos inúmeros pequenos portos.

As Honduras britânicas eram uma colônia importante para a Inglaterra na América Central, assim como a Guiana inglesa na América do Sul e ilhas caribenhas como a Jamaica e Barbados. As Honduras britânicas tornaram-se uma colônia da coroa britânica em 1871, e se renomearam oficialmente para "Belize" em 1961.

A Guatemala sempre quis anexar Belize, e, embora seus protestos sejam menores agora, havia sempre a ameaça de a Guatemala retomar seu território roubado. Os primeiros dias de existência das Honduras britânicas foram agitados, e os ingleses, embora com poder naval superior ao da Guatemala, estavam atentos a possíveis ataques.

Além disso, muitas outras áreas na América Central e do México eram extremamente instáveis nos anos que se seguiram a 1871 e à transformação das Honduras britânicas em colônia inglesa. Assim, a Grã-Bretanha queria espalhar agentes, ou "espiões", na região para explorar, investigar e reportar o que estava acontecendo no turbulento mundo formado por México, Caribe e América Central. Foi nesse mundo que entrou F.A. "Mike" Mitchell-Hedges.

F.A. Mitchell-Hedges era uma pessoa fascinante, e, de certa forma, sua vida teve os moldes de um personagem do tipo Indiana Jones. Após sua aventura no México com Pancho Villa, em 1914, voltou para a Inglaterra e de repente apareceu no Canadá novamente, onde encontrou e adotou a jovem Anna.

Eles viajaram juntos para a Califórnia, onde ele a pôs em um internato; depois, foi para Mazatlán e para as Honduras. Durante os vários anos seguintes viajou pela América Central. Em *Danger My Ally*, diz que: "Estabeleci então a tarefa de descobrir a América Central. Durante os próximos dois anos, viajei das Honduras espanholas para a Guatemala até a Nicarágua e também para o pequeno país El Salvador".

Mais uma vez voltou à Inglaterra, por volta de 1920, para visitar sua amiga e amante, a rica *lady* Richmond Brown, que estava doente. Seus médicos lhe haviam dito para descansar e não viajar. Ela se recusou a seguir o conselho e comprou um iate para ambos, o *Cara*, com o qual navegaram para o Caribe.

Em 1921, o par, a tripulação e a secretária de Mitchell-Hedges, Jane Houlson, atravessaram e exploraram as ilhas na baía de Honduras, as Ilhas San Blas, no Panamá, e a área em torno da Jamaica. Tornaram-se "deuses" na pequena ilha, de acordo com um capítulo em um dos livros de Mitchell-Hedges, *Land of Fear and Wonder*.[14]

---

14. MITCHELL-HEDGES, F. A. *Land of Fear and Wonder*. London: The Century Company, 1931.

Ele e, ao que parece, *lady* Richmond, acreditavam que os artefatos encontrados nas ilhas da Baía indicavam uma civilização altamente avançada que estaria agora submersa, e concluíram que era Atlântida. Mitchell-Hedges tinha uma queda por ciências místicas e sociedades secretas, e liderou a causa das civilizações perdidas e de Atlântida. Pode-se dizer que sua obtenção do crânio de cristal fosse o ápice de uma vida de aventura, Arqueologia e flertes com o ocultismo. Sob esse aspecto, era de fato um modelo para Indiana Jones.

Sua busca por Atlântida e por monstros marinhos fez com que escrevesse vários livros e inúmeros artigos para revistas e jornais de Nova York e de Londres. Ele costumava declarar que havia encontrado Atlântida submersa no Caribe, em seus artigos e frequentes participações no rádio.

Mike Mitchell-Hedges e suas amigas aventureiras apareceram primeiramente na mídia popular britânica em 1923, em seu livro *Battles with Giant Fish,* publicado por seus amigos da editora Duckworth em Londres. A Duckworth então procedeu à publicação de uma série de trabalhos de Mitchell-Hedges e de seus amigos ao longo da década seguinte.

O próximo livro publicado foi de lady Brown, *Unknown Tribes – Uncharted Seas* (1924);[15] *Mystery Cities* (1925), de Gann; *Battling with Monsters of the Sea* (1929),[16] o livro de pesca submarina de Mitchell-Hedges, seguido por sua autobiografia *Land of Wonder and Fear* (1931);[17] *The White Tiger* (1931)[18] e, por fim, um interessante livro escrito por sua secretária, Jane Harvey Houlson, chamado *Blue Blaze* (1934).[19]

Tanto Brown quanto Houlson são retratadas com armas em fotos formais em seus livros. Houlson aparece na capa de *Blue Blaze* segurando um rifle, e Brown aparece em um retrato grande com uma pistola no cinto. Levar várias armas em iates era sempre uma necessidade; os marujos tinham de estar prontos para usarem-nas a qualquer momento – e ambas as mulheres eram aparentemente craques em tiro. Mitchell-Hedges era um homem alto e impressionante, pronto para demonstrar a qualquer um o poder de seu soco atlante! Não era, provavelmente, uma boa ideia mexer com essa equipe e com os membros da tripulação; mesmo assim, tinham suas escaramuças, como contam nos livros.

Mitchell-Hedges fazia várias palestras e programas no rádio quando não estava viajando, e era conhecido por exagerar suas histórias, além de

---

15. BROWN, Lady Richmond. *Unknown Tribes, Uncharted Seas*. London: Duckworth and Company, 1924.
16. MITCHELL-HEDGES, F. A. *Battling With Monsters of the Sea*. London: Duckworth and Company, 1929.
17. MITCHELL-HEDGES, F. A. *Land of Fear and Wonder*. London: The Century Company, 1931.
18. MITCHELL-HEDGES, F. A. *The White Tiger*. London: The Century Company, 1931.
19. HOULSON, Jane Harvey. *Blue Blaze*. London: Duckworth and Company, 1934.

gostar um tanto de exibir seus feitos. Em várias ocasiões foi acusado de mentiroso. Mesmo que à primeira vista não inventasse algumas histórias, deve-se observar que histórias como essas envolvendo aventuras na selva e lugares remotos são inerentemente difíceis de documentar. O fato de que continuou sendo financiado por instituições como o Heye Museum, o Museu Britânico e o [jornal] *Daily Mail*, deve ter significado que tinham um grau considerável de confiança nele que, de fato, desempenhava suas tarefas de forma satisfatória. Sabe-se que contribuiu com artefatos para o Museu Britânico.

Além de tudo isso, vimos no último capítulo a suposição de Morrill de que Mitchell-Hedges fosse agente britânico, pago pelo governo britânico e, portanto, sujeito ao British Secrets Act [decreto para proteger informações oficiais relativas à segurança nacional do governo britânico à época]. A pena por qualquer violação a esse decreto era a condenação obrigatória a dois anos de trabalhos forçados. Ele pode até ter sido forçado a inventar histórias e alterar fatos em seus livros!

Esses livros eram populares na época em que foram lançados, e *White Tiger* foi republicado em uma série de livretos de capa dura vendidos em massa para as tropas e outros longínquos leitores de livros ingleses durante a Segunda Guerra. *White Tiger* é um bom romance de aventura, dinâmico e cheio de bom caráter e autossacrifício inspiradores, qualidades tão importantes naquela época.

Terminada a Guerra, Mitchell-Hedges prosseguiu a escrever *Pancho Villa's Prisoner* [O prisioneiro de Pancho Villa] (1947)[20] e depois seu último e mais popular livro, *Danger My Ally [Meu Aliado, O Perigo]* (1954)[21] – em que menciona o crânio de cristal pela primeira vez.

O curioso, de acordo com muitos pesquisadores, é que em todos esses livros, o crânio de cristal – o Crânio da Morte – nunca é mencionado, até que isso acontece em *Danger My Ally*. Será que os autores tiveram de jurar manter segredo sobre a origem do objeto? Será que Mike Mitchell-Hedges só adquiriu o crânio bem mais tarde, depois de todas as suas outras aventuras, memoráveis como eram? Teria o crânio alguma origem secreta que ele não podia revelar?

Estranhamente, ele dedica apenas três parágrafos a seu crânio de cristal no livro, e esses poucos parágrafos foram até removidos da edição americana, que foi publicada mais tarde. Diz ele, em referência a uma viagem à América do Sul em 1947:

> Trouxemos conosco até o sinistro Crânio da Morte, sobre o qual muito já foi escrito. A forma como veio parar em minhas mãos, tenho razões para não revelar.
>
> O Crânio da Morte é feito de pura rocha de cristal e, de acordo com cientistas, deve ter levado mais de 150 anos, com geração

---

20. MITCHELL-HEDGES, F. A. *Pancho Villa's Prisoner*. London: Elek Books, 1947.
21. MITCHELL-HEDGES, F. A. *Danger My Ally*. London: Elek Books, 1954.

após geração trabalhando todos os dias de suas vidas, pacientemente polindo com areia um imenso bloco de rocha de cristal, até que finalmente o Crânio perfeito emergiu.

Tem pelo menos 3,6 mil anos e, de acordo com a lenda, era utilizado pelo alto sacerdote dos maias para realizar ritos esotéricos. Diz-se que, quando ele desejava a morte de alguém com a ajuda do crânio, a morte invariavelmente acontecia. Já foi descrito como a materialização de todo o mal. Não tenho intenção de tentar explicar [esses] fenômenos.[22]

Uma fotografia do crânio está reproduzida no livro, com a seguinte legenda: "O Crânio da Morte, que data de pelo menos 3,6 mil anos e que levou por volta de 150 anos para ser polido com areia a partir de um bloco de pura rocha de cristal, quase tão dura quanto diamante. A lenda conta que era usado por um Alto Sacerdote dos maias para canalizar e desejar a morte. Já se descreveu o crânio como a materialização de todo o mal; várias pessoas que riram cinicamente dele morreram, outras foram acometidas de doenças graves".

A popular história da descoberta do crânio Mitchell-Hedges diz que ela aconteceu ao final de um período de escavações em Lubaantun, em 1927. Anna estivera supostamente escavando em um altar ruído e na parede adjacente quando encontrou o crânio de tamanho natural. Isso aconteceu em seu aniversário de 17 anos. Três meses depois, um maxilar que parecia pertencer ao crânio foi descoberto a 7,5 metros do altar. Assim, um dos objetos antigos mais estranhos do mundo trouxe para si toda a atenção. Entretanto, na verdade, nenhuma palavra foi dita sobre o objeto durante anos após o episódio.

Assim, parece que sua origem é mais misteriosa do que a descoberta feita pela jovem Anna em seu aniversário. De fato, há várias falhas consideráveis naquela história, que mais tarde serão discutidas neste livro. Uma é que o crânio na verdade pertenceu a Mitchell-Hedges, que em seu testamento deixou o crânio com Anna, quando morreu em 1959.

Uma possibilidade diferente é que o crânio veio de outra cidade antiga da América Central, ou possivelmente uma no México, e foi saqueado de alguma pirâmide. Mitchell-Hedges então comprou o crânio como artefato roubado. Não teria sido do interesse de ninguém revelar a origem do crânio, daí sua afirmação de que tinha razões para não contar onde o havia adquirido.

---

22. Idem.

Uma teoria ousada diz que o crânio era uma relíquia de 12 mil anos vinda de Atlântida e passada ao longo de gerações de cavaleiros templários, até ir parar nas mãos da principal Loja maçônica. Mitchell-Hedges pertencia à Maçonaria, e pode ter adquirido o crânio ou por meio da sociedade secreta ou como parte de uma dívida de jogo. Ele então o apresentou ao mundo tendo a engenhosa ideia de uma cidade perdida.

Essa é a história contada como ficção na única novela de Mitchell-Hedges, *The White Tiger*.[23] Esse livro, de 1931, não tem ilustrações, tem 32 capítulos de aventura destemida na selva e é escrito no popular estilo dos seriados de aventuras. Nele, um mal disfarçado Mitchell-Hedges é o herói, Richard Hampden – a quem os nativos chamam "White Tiger" [Tigre Branco] –, que acorda no segundo capítulo com uma misteriosa mulher, Diana (presumivelmente *lady* Richmond Brown, na realidade).

O importante em nossa busca sobre onde Mitchell-Hedges adquiriu seu crânio de cristal é que ele dá dicas sobre isso nos capítulos 15 e 16: "The Lost City" [A cidade perdida] e "The Treasure of the Aztecs" [O tesouro dos astecas]. Nesses capítulos, o Tigre Branco é levado para uma cidade perdida nas selvas da América Central, onde lhe mostram um tesouro secreto dos astecas, escondido por Montezuma durante a queda do império asteca. O Tigre Branco tem a confiança dos nativos como uma espécie de avatar a quem poderiam revelar o tesouro secreto escondido em uma cidade vazia nas profundezas da selva.

Diz Mitchell-Hedges no livro:

> Muganii, o Sábio e Ancião, sabendo que seu fim estava próximo, havia finalmente iniciado o Tigre Branco nos segredos dos indígenas, rigidamente guardado por eles durante séculos. O tesouro escondido dos astecas já não era mais simplesmente uma lenda.
>
> Suspensa por uma corda em torno do pescoço de Tigre Branco por Muganii estava uma placa de jadeíta; nela, estava gravada a posição exata do tesouro. Os hieróglifos, embora bastante gastos pela idade, eram ainda legíveis.
>
> O velho feiticeiro havia contado em segredo sobre a viagem que precisaria ser empreendida, e dos perigos e dificuldades com que o Tigre Branco iria se deparar antes que pudesse alcançar o quase inatingível local em que estava escondido o tesouro. Muganii havia morrido sabendo que o que era impossível para a maioria dos homens, o deus branco conseguiria; que as dificuldades da jornada seriam transpostas, os perigos vencidos e o ouro, quando descoberto, seria bem e sabiamente utilizado.

---

23. MITCHELL-HEDGES, F. A. *The White Tiger*. London: The Century Company, 1931.

Ele confiara no homem certo, pois prontamente o Tigre Branco partiu em uma jornada que agora se aproximava de seu fim. Não se pode imaginar os sofrimentos pelos quais passara. Apenas um homem de vontade indomável poderia ter compreendido os horrores do pântano e da selva pela qual havia passado. Dos indígenas que foram com ele, 17 haviam morrido – febre e nuvens de insetos venenosos haviam tirado suas vidas. Mesmo seu chefe, com sua constituição férrea, aparentava os efeitos das privações e do esforço físico que havia aguentado.

Enquanto repousava deitado em uma rede no calor insuportável, o suor saindo de cada poro em seu corpo, pela primeira vez a dúvida assaltou sua mente. E se o segredo de Muganii fosse, afinal de contas, uma fábula e a informação entalhada na placa de jadeíta fosse meramente uma lenda? Rapidamente afastou esse pensamento. Impossível. O velho feiticeiro sabia. O tesouro de Montezuma certamente existia.

Assim que despontaram os primeiros raios de sol na manhã seguinte, levantaram acampamento e os indígenas cansados recomeçaram sua tarefa de abrir a trilha através dos pequenos arbustos na selva. Suando, sendo comidos vivos por miríades de insetos, sempre alertas contra a mortal cobra surucucu que infestava essa região, hora após hora eles laboraram. O meio-dia veio e se foi. A tarde esvaiu-se. Tendo feito quase nenhuma pausa, impulsionados pela esperança de que estavam agora a uma curta distância de se libertarem das torturas das últimas semanas, batalhavam para abrir caminho.

Ouviu-se um grito dos que estavam à frente. A mata estava rareando, e avançavam mais rapidamente. Haviam estado durante o dia todo subindo a passo firme; mais uma milha de mato e então até isso cessou, e diante deles se estendia um vasto espaço aberto.

O Tigre Branco observou. Uma rampa suave que descia a partir de onde ele estava em pé dava em um amplo vale. Mais além, o chão subia formando um platô natural, em cima do qual estava construída uma cidadela. Ela brilhava como gelo enquanto o Sol do fim da tarde a cobria com um efeito ofuscante. Os indígenas tremiam de um medo supersticioso. Uma calma inacreditável pairava por sobre tudo, após desvanecer o zumbido monótono da vida insetívora da selva assim que emergiram do mato.

O Tigre Branco cobriu os olhos com as mãos. Aquilo não era uma miragem, nem ele estava sonhando. À sua frente estava o segredo que passara de geração em geração. Muganii, ao

I

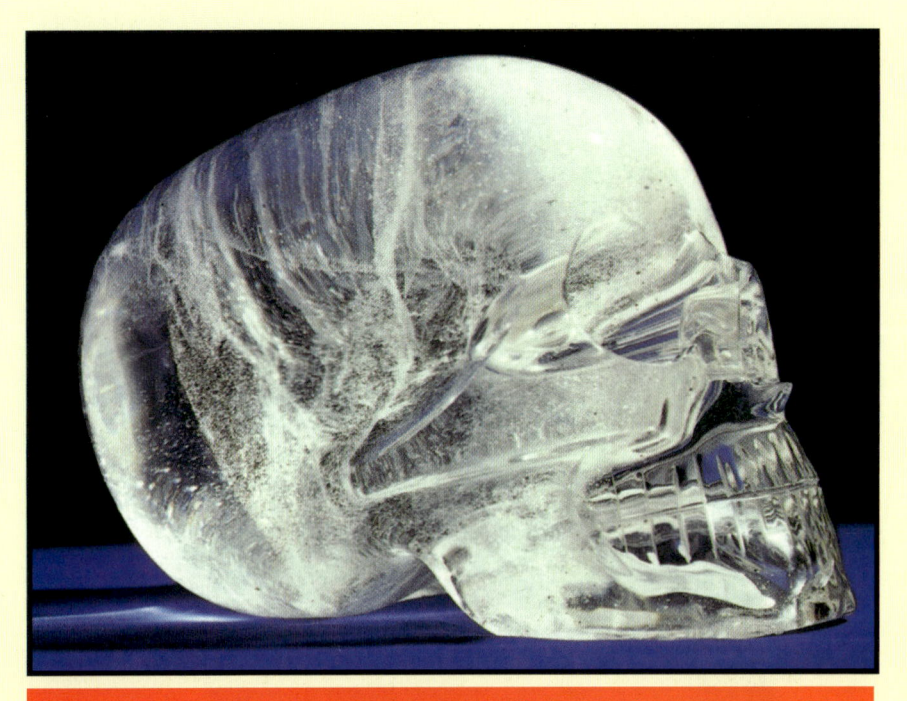

O crânio de cristal do Museu Britânico. Acredita-se ser de origem asteca. O cartão-postal do crânio de cristal é o mais popular na loja de presentes do museu, embora tenha sido periodicamente removido de exibição por questões sobre sua autenticidade. Quando este livro estava sendo escrito, era possível ver o crânio na Wellcome Trust Gallery.

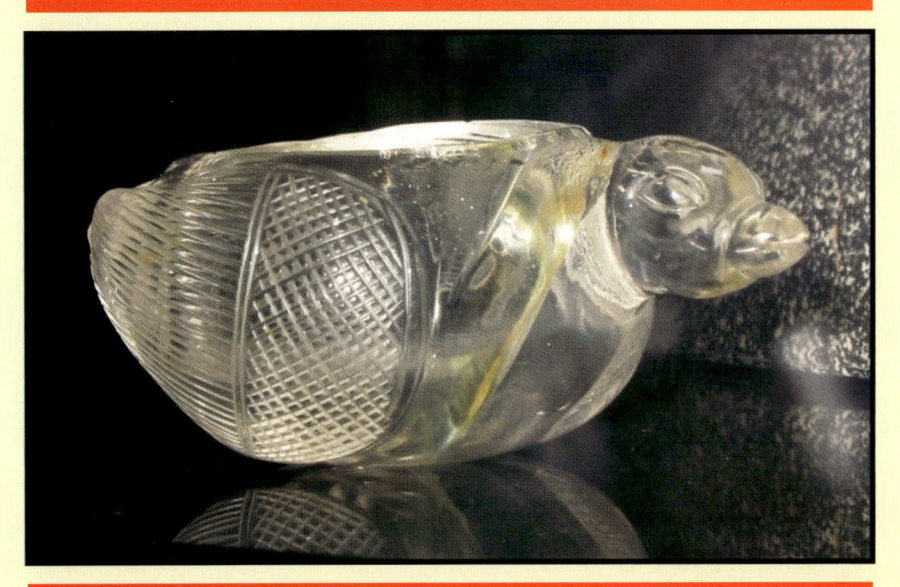

Ganso de cristal com entalhes da civilização gandara da Índia antiga, que existiu entre 600 a.C. e 900 d.C. Esse objeto está hoje no Museu Britânico. Note a asa entalhada.

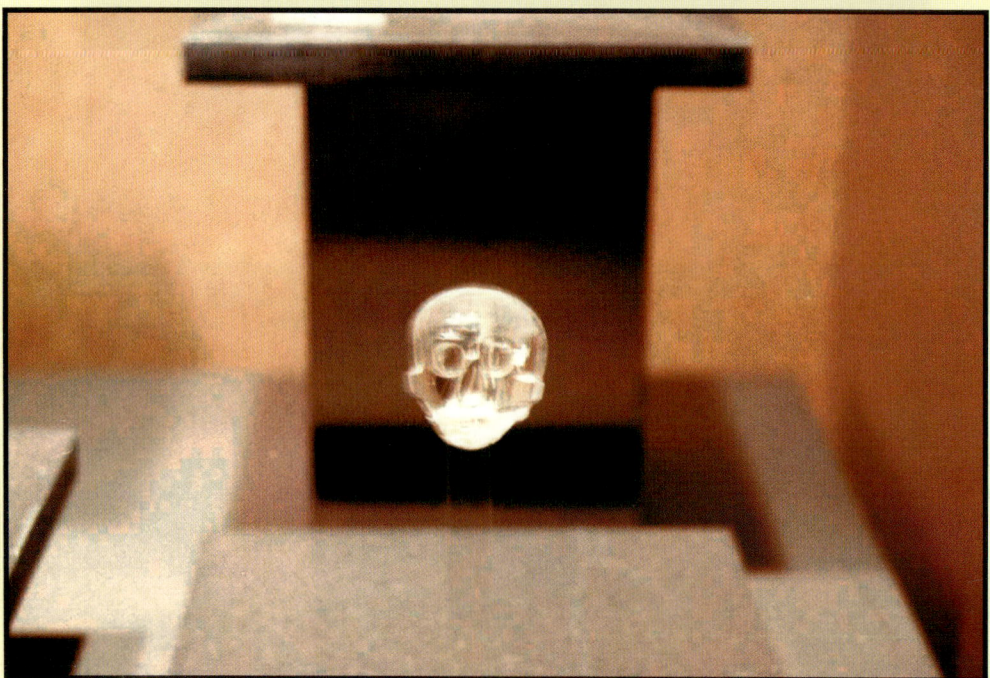

Acima: objetos de cristal no Museu Nacional de Antropologia na Cidade do México. Dentre eles encontram-se artefatos das culturas asteca, mixteca, zapoteca, maia e olmeca. Os objetos são (em sentido horário): um coelho de cristal de quartzo; um sapo, lentes (?) e um crânio, todos de cristal. Abaixo: pequeno crânio de cristal também no Museu Nacional de Antropologia na Cidade do México. Provavelmente mixteca-zapoteca.

III

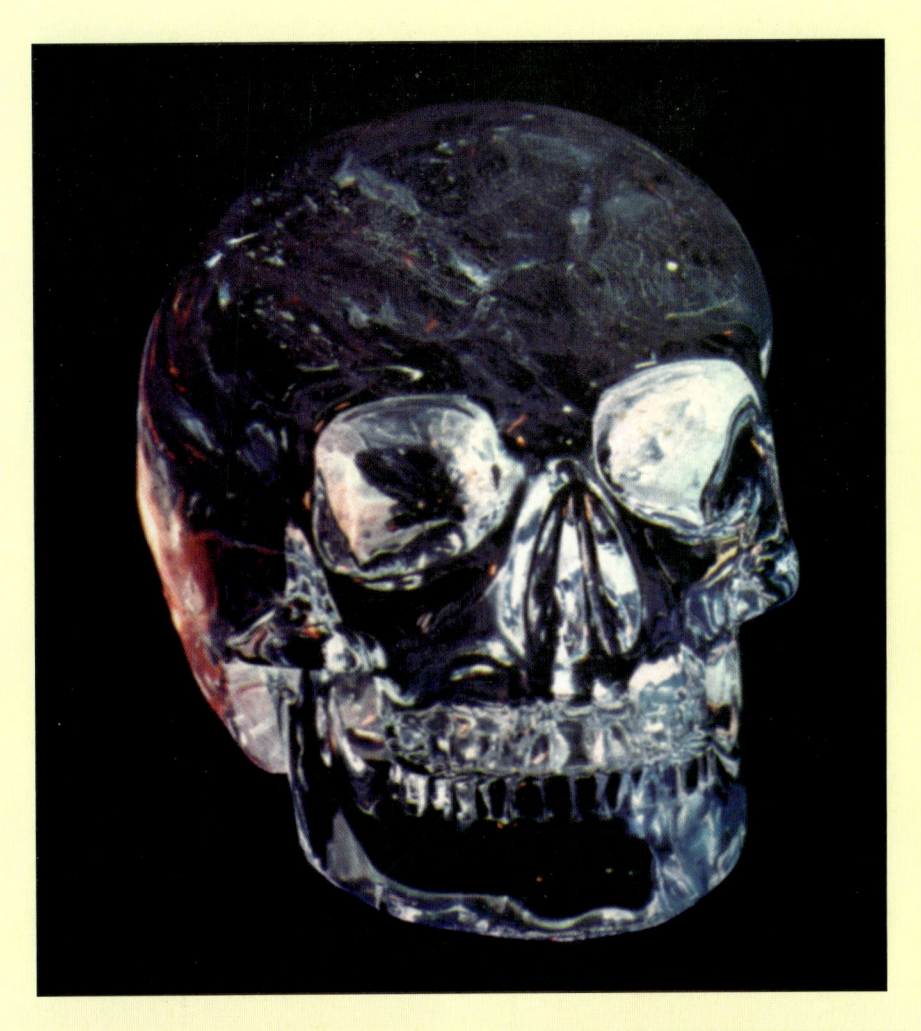

Acima: o crânio Mitchell-Hedges atravessado por facho brilhante de laser, em foto tirada nos laboratórios da Hewlett-Packard, em 1970.

À direita: o crânio de cristal do Museu de Paris. É menor que uma cabeça humana, e foi classificado como de origem asteca. Acredita-se que tenha adornado a ponta de um cetro.

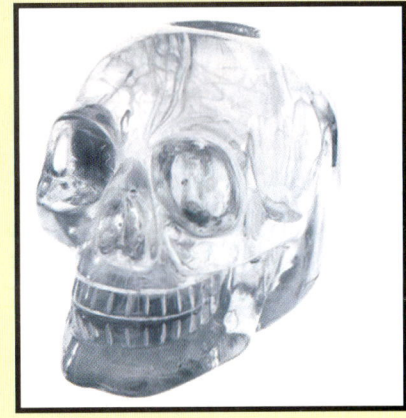

Acima: Parte de uma escultura megalítica de pedra cujo centro é um crânio, encontrada na entrada de uma misteriosa caverna embaixo de outra caverna na Pirâmide do Sol de Teotihuacán, perto da Cidade do México. Os astecas acreditavam que esse local havia sido construído por gigantes de eras passadas. À direita: crânio ruivo no Museu Nacional de Antropologia na Cidade do México. Um crânio asteca?

V

Acima e à esquerda: as famosas estatuetas e enxós de jade da Oferenda Número 4 encontrada em La Venta, agora no Museu Nacional de Antropologia na Cidade do México. Deve-se concluir que os olmecas se parecessem com as estatuetas, com cabeças deformadas e alongadas. Esses enxós de jade foram examinados por especialistas chineses para verificar se continham a escrita Shang chinesa.

Acima: Anna Mitchell-Hedges segurando o crânio de cristal Mitchell-Hedges, em 1994, no World Explorers Club. Abaixo: o crânio de cristal na mesa de bilhar do clube.

VII

Mike Mitchell-Hedges na cidade perdida de Lubaantun, por volta de 1924.

BLUE BLAZE
Danger and Delight in Strange Islands of Honduras

BY JANE HARVEY HOULSON

Capa do livro de aventuras de Jane Houlson com Mike Mitchell-Hedges, Blue Blaze (1934).

apa de folheto sobre a palestra com apresentação de slides feita por Mike Mitchell-Hedges, amada The White Tiger Speaks [O Tigre Branco fala]. Ele fez palestras e apresentou progra-as no rádio ao longo das décadas de 1930 e 1940.

x

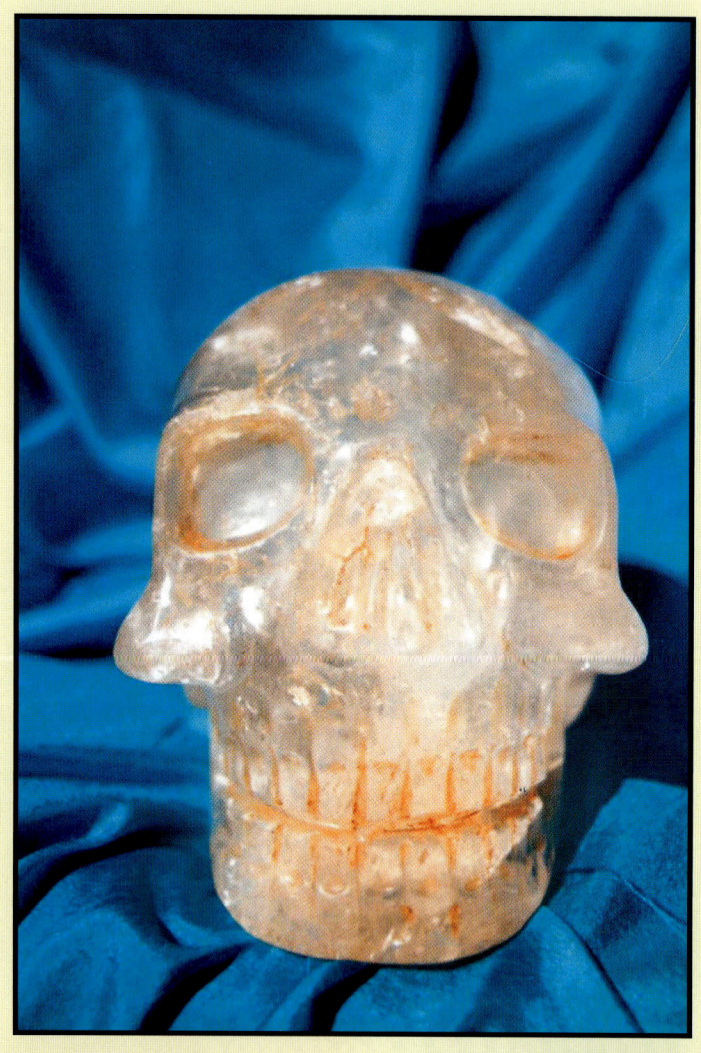

*Sha-Na-Ra, o crânio de cristal Nocerino.
Foto de Charles Pelton, 1999.*

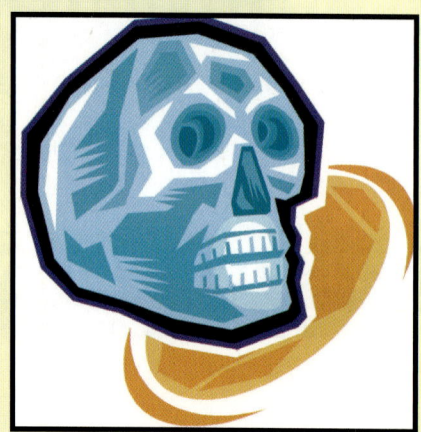

XI

O crânio de cristal maia. Sociedade Internacional dos Crânios de Cristal. Foto de Susan Emigh, 1980.

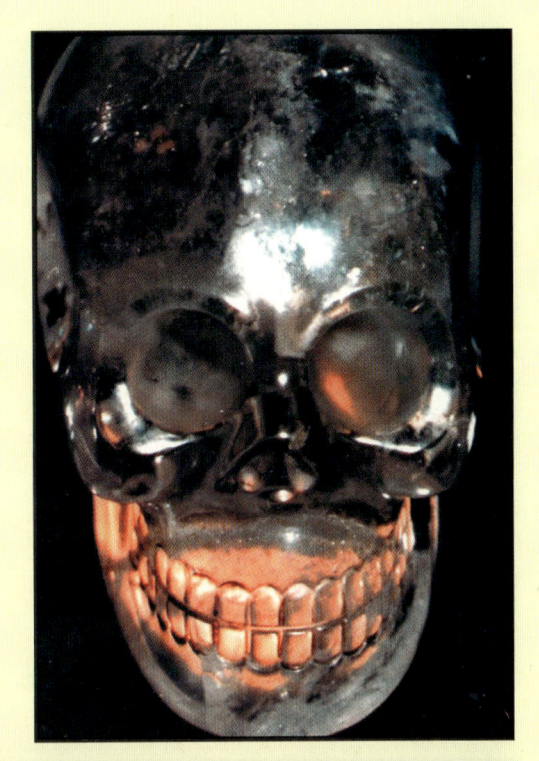

Crânios de cristal testados pelo Museu Britânico para um documentário especial da rede BBC de TV. Da esquerda para a direita: o crânio de cristal do Museu Britânico, cálice asteca de cristal, o crânio de cristal do Smithsonian, crânio de cristal contemporâneo da Alemanha, crânio de cristal em relicário com forma de cruz (asteca), pequeno crânio de cristal contemporâneo e Sha-Na-Ra, o crânio de cristal Nocerino. Foto de JoAnn Parks, 1996.

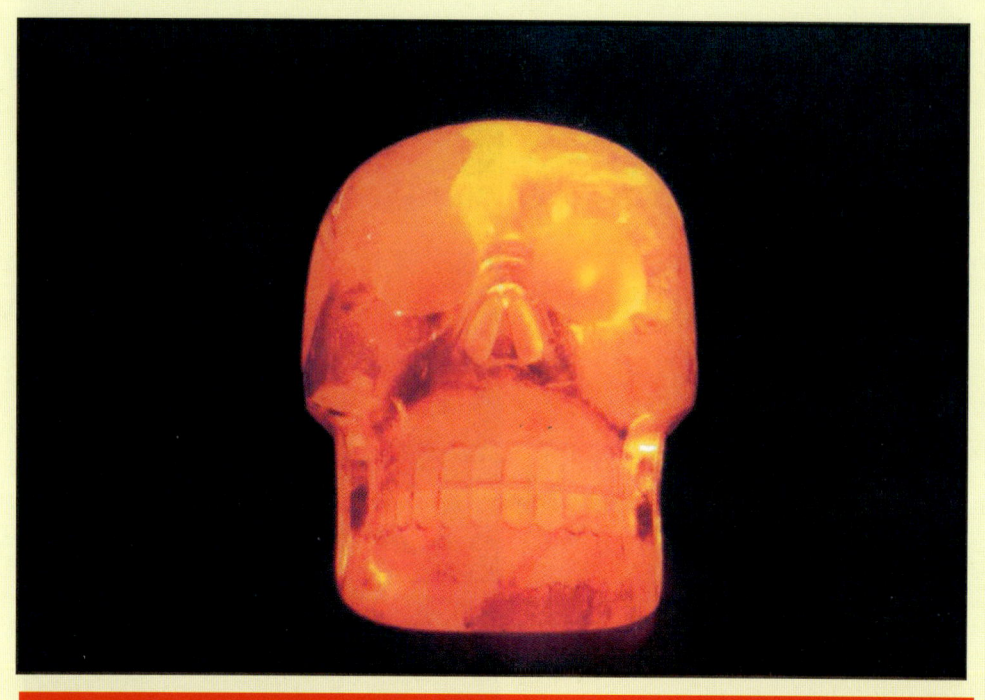

Crânio de Cristal Maia. Foto de Stephen Mehler, 1980.

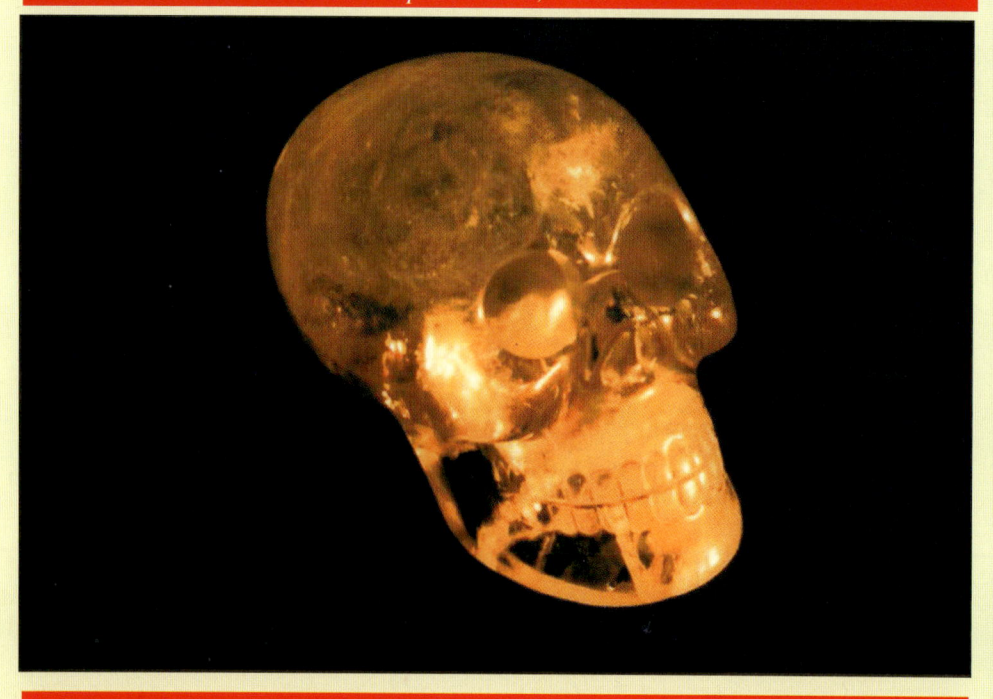

Crânio de Cristal Maia. Foto de Stephen Mehler, 1980.

Acima: Crânio de Cristal Ametista. Foto de Françoise Beaudoin. 1983. Abaixo: Max e Sha-Na-Ra. Foto de Stephen Mehler, 2006.

Madre, Rainbow e Zar. Foto de Stephen Mehler, 1999.

Stephen Mehler e Nick Nocerino, 1998.

Crânios de cristal olmecas alongados, em exibição no Museu Nacional de Antropologia na Cidade do México.

Crânios alongados em exibição no Museu Ica, no Peru.

Acima: Pôster da série mexicana de 1943 Calaveras del Terror (Crânios do Terror). Note o crânio no peito do cavaleiro; motivos de crânio são populares no México. Abaixo: Pôster do filme Indiana Jones e o reino da caveira de cristal, 2008.

transmiti-lo em seu último suspiro de morte, havia permitido ao homem branco estar ali no portal de uma cidade morta, sabendo que, em algum lugar entre as pirâmides cintilantes, estava guardado o tesouro dos astecas.

Eles haviam alcançado a cidade secreta na selva, e agora ele esperava ser apresentado ao tesouro perdido dos astecas. Mitchell-Hedges escreve, então, no capítulo 16:

> O clímax estava, entretanto, ainda por vir. Ao entrarem no templo, o sacerdote os levou em um percurso impressionante até uma das enormes paredes, e posicionou sua mão de uma determinada forma sobre o que parecia ser um sólido bloco de pedra. Com seu toque, ela vagarosamente rolou para trás, revelando um lance de escada, que eles desceram. Uma lanterna que o sacerdote carregava formava estranhas manchas de luz escuridão adentro. Sempre em frente, por vários degraus – para dentro das entranhas da própria terra, até que o sacerdote pressionou a rocha aparentemente sólida que impedia seu progresso. Em silêncio quase total, o bloco de pedra girou facilmente, como uma dobradiça com óleo, e diante deles se abriu um túnel comprido. Passando por ele, encontraram outro lance de escadas. O sacerdote tocou a parede uma terceira vez, e uma enorme pedra rolou para o lado. Então, na luz tênue da lanterna, o Tigre Branco viu que estava em uma imensa caverna que havia sido entalhada na rocha viva.
>
> Diante dele, empilhado em uma confusão interminável, estava o tesouro dos astecas.
>
> Cálices de ouro, gamelas, jarros e outros vasos de todos os tamanhos de formas; imensas placas e estranhos ornamentos cintilavam levemente. Não havia pedras preciosas, a não ser por vários chalchihuitl (pingentes de jadeíta). Máscaras de obsidiana e conchas lindamente marchetadas estavam todas amontoadas, ao lado de cabeças esculpidas a partir de sólidas rochas de cristal. Não havia exagero na lenda do tesouro dos astecas. Uma riqueza quase ilimitada estava à disposição do Tigre Branco.
>
> O derramamento de sangue, os estupros e as torturas hediondas que os astecas haviam sofrido nas mãos dos conquistadores espanhóis não haviam conseguido extrair deles esse lugar secreto. Fieis ao juramento que haviam feito a seus deuses, haviam preferido morrer a deixar que os odiados conquistadores se beneficiassem.
>
> Com essa vasta fortuna, um homem podia subir a qualquer posto, atender a qualquer desejo, comprar qualquer título e

tornar-se um dos grandes homens do mundo. Mas os indígenas haviam julgado, e corretamente, que para o deus branco essas coisas não importavam, e o tesouro seria utilizado apenas para sua regeneração.

Cerimoniosamente, o alto sacerdote colocou tudo à disposição do Tigre Branco e o instruiu sobre como obter acesso à caverna. Então, virando-se, ambos deixaram a câmara, as grandes portas de pedra rolando para seus lugares atrás deles.[24]

E foi assim que Mitchell-Hedges apresentou o Tigre Branco (ele mesmo) adquirindo o tesouro perdido dos astecas. Ele menciona que "Máscaras de obsidiana e conchas lindamente marchetadas estavam todas amontoadas, ao lado de cabeças esculpidas a partir de sólidas rochas de cristal". Cabeças esculpidas de sólidos blocos de cristal eram provavelmente os crânios de cristal, mas ele não especifica isso exatamente. Mesmo assim, parece que Mitchell-Hedges, em um livro de ficção publicado em 1931, implica que existia um tesouro que incluía alguns crânios de cristal e outros artefatos de cristal.

Teria Mitchell-Hedges sido apresentado a uma cidade secreta que continha crânios de cristal e outros tesouros passados de geração em geração? Talvez tenha obtido o Crânio da Morte nessa cidade perdida. É uma ideia fabulosa, à que ele aludiu em suas aparições no rádio. Ele vivia em uma era em que aparições no rádio e palestras, incluindo *slides* e música, eram comuns e geravam uma boa quantia de dinheiro, dependendo de quantas pessoas comprassem os ingressos para assistir ao evento em uma determinada noite.

Talvez ele tenha comprado o crânio em Londres para realizar seu sonho de ter tesouros astecas; talvez tenha adquirido o crânio em um jogo de pôquer ou comprado de Pancho Villa; talvez o tenha ganhado de maias devotos em uma cidade perdida; talvez tenha sido ele que trouxe o objeto para a América Central – é possível que nunca saibamos.

Há outros mistérios associados às ruínas de Lubaantun, além do crânio de cristal. Gann originalmente acreditava que aquelas eram as ruínas maias mais antigas que já haviam sido descobertas. Eram originalmente conhecidas como as ruínas de Rio Grande (por causa do rio próximo de mesmo nome) e foram apresentadas ao mundo em um artigo na *Illustrated London News* de 26 de julho de 1924. No artigo, o dr. Gann diz: "Em uma segunda pirâmide, encontramos desabamentos e câmaras de pedra, a partir de uma das quais procedemos a limpar os escombros de pedra e entulho com que estava cheia; logo tivemos de desistir, porque o grande peso das

---

24. MITCHELL-HEDGES, F. A. *The White Tiger*. London: The Century Company, 1931.

pedras exigiu os esforços combinados de todos os nossos trabalhadores para ser içadas através da estreita abertura no topo, e logo descobrimos que, se quiséssemos fazer qualquer outro trabalho durante o tempo limitado que tínhamos à nossa disposição, teríamos que deixar essas cavernas dentro das pirâmides para mais tarde". Essas cavernas nunca foram escavadas, embora expedições arqueológicas subsequentes tenham sido enviadas para lá e, na verdade, grande parte de Lubaantun continua da forma como foi encontrada por Gann, embora já não seja mais cercada da densa selva que havia antes.

Gann acreditava que a cidade era mais antiga do que qualquer outra cidade maia jamais descoberta. No artigo da *Illustrated London News*, ele conclui:

> Antes de irmos embora, batizamos a cidade de "Lubaantun", literalmente "o lugar das pedras caídas" na língua maia. Essa cidade difere de todas as outras cidades maias conhecidas porque não tem palácios e templos de pedra erguidos sobre as enormes estruturas piramidais, e há ausência total de esculturas de pedra e de enormes monólitos com entalhes das datas em que foram erguidos, construídos em intervalos de 20 anos, e mais tarde de cinco anos, pelos maias por toda a América Central e Yucatán.
>
> Ao que parece, a ausência de esculturas de pedra, templos e palácios indica que essas ruínas são anteriores a Copán, Quirigua, Uaxactun e outras cidades do antigo império, sendo que as datas mais antigas remetem ao início da Era Cristã, pois é quase certo que anteriormente a ela as datas maias eram gravadas em madeira, e os templos e palácios eram construídos do mesmo material.

Gann acreditava que Lubaantun havia sido construída por volta de 2000 a.C., e a ausência de quaisquer hieróglifos, estelas ou datas de qualquer tipo eram evidência, para ele, de que a cidade havia sido construída antes de qualquer um dos sítios clássicos que hoje são tão famosos.

Sua argumentação é boa, mas Gann ignora uma ideia muito importante que diverge dessa evidência. É que Lubaantun não é de forma alguma uma cidade maia.

Curiosamente, Lubaantun é datada como sendo uma cidade tardia do império maia. Quando o arqueólogo de Cambridge Norman Hammond fez escavações na cidade, em 1970, ele determinou que foi habitada de 730 a 890 d.C., típicas datas de cidades do declínio final da civilização maia.

Então, por um lado temos Gann e Mitchell-Hedges acreditando que Lubaantun é a cidade mais antiga que já foi descoberta, construída 4 mil anos atrás, enquanto arqueólogos mais tradicionais determinam uma data de 730 d.C. à estrutura. O fato de que hieróglifos, estelas ou típicas técnicas de construção dos maias estarem totalmente ausentes em Lubaantun não parece ter sido considerado nos cálculos deles.

Fiquei impressionado com a construção dos prédios em Lubaantun quando estive lá pela primeira vez há 15 anos. As ruínas não se pareciam com nada que eu já houvesse visto em toda América Central. Descobri, então, que Lubaantun é singular no mundo maia por ter sido construída com blocos de pedra cortados com precisão e encaixados sem argamassa. É a única cidade maia construída dessa forma. As estruturas em Lubaantun têm cantos arredondados, característica também muito incomum, vista apenas em alguns sítios arqueológicos ao longo do Rio Usumacinta, ao norte. Está claro que Lubaantun é um lugar pouco usual.

Ao caminhar pela cidade, o que mais me impressionou foram as pedras cortadas com precisão. Por ter passado um tempo considerável no Peru, achei incrível a similaridade entre a técnica de construção de Lubaantun e as espantosas cidades dos altos Andes em volta de Cuzco (Machu Picchu, por exemplo). Lubaantun me lembrava não Tikal ou Copán, em Honduras, mas sim cidades muito mais misteriosas da América do Sul.

Outra cidade que eu havia visto com aparência similar à de Lubaantun era a cidade de Lixus, na costa atlântica do Marrocos. Lixus é uma cidade fenícia que foi mais tarde tomada pelos romanos após as Guerras Púnicas. Seria possível que Lubaantun fosse uma cidade fenícia? Ambas foram construídas com pedras de corte perfeito, encaixadas sem argamassa. Haveria uma conexão?

Seria Lubaantun uma cidade fenícia no Novo Mundo? Seria, talvez, sua principal base comercial ao longo da costa leste de Yucatán? Teriam navios fenícios vindo de Cartago, Tarshish (atual Cádiz) ou Lixus para fazer comércio com Lubaantun por volta de 1000 a.C.?

Se os maias já estavam bem estabelecidos ao longo dessa costa e ao norte de Yucatán, talvez os fenícios tenham conseguido uma concessão de comércio, semelhante ao que os ingleses e portugueses conseguiram fazer com os imperadores da China, ao estabelecerem as cidades de comércio Hong Kong e Macau.

Uma pista que apoia essa teoria era o uso de pigmentos especiais, tanto por maias quanto por fenícios. Não sabemos, na verdade, como os fenícios se denominavam. Nosso termo para a civilização deles deriva de um termo grego que significa "Povo Roxo". Era usado para descrever os fenícios porque estes usavam lindas túnicas roxas, tingidos com um pigmento raro e especial extraído de um molusco.

Em um artigo sobre pigmentos maias de autoria de Laura de los Heros, publicado na revista *Aerocaribe Kukulcán* (ano 3, nº 11, fevereiro de

1991), demonstra-se que os maias usavam exatamente o mesmo pigmento. "Durante o comércio, os maias também recebiam plantas e animais que produziam substâncias colorantes. Talvez os pigmentos mais valiosos fossem o escarlate, extraído do inseto cochonilha que parasita o cacto nopal, e o púrpura, derivado de secreções pigmentais de moluscos ao longo da costa do Pacífico."

Onde os maias aprenderam esse segredo do pigmento roxo? Talvez dos fenícios ou, por outro lado, talvez os fenícios tenham aprendido esse segredo dos maias! Parece possível que Lubaantun fosse uma cidade fenícia, e não maia.

Com a escavação em Lubaantun – uma cidade megalítica –, teriam Mitchell-Hedges, Brown e Houlson encontrado finalmente a prova de Atlântida no Caribe? Ali estava o que aparentava ser a cidade pré-maia que haviam procurado. De fato, se era tão antiga quanto imaginavam, então também era provavelmente relacionada aos olmecas. Acreditavam que as construções e objetos megalíticos – como as enormes cabeças olmecas de pedra – eram todos ligados à antiga Atlântida, incluindo as ruínas gigantes na América do Sul, na Costa Rica, na Nicarágua, em Honduras, na Guatemala e no México.

Nem todas as inúmeras ruínas encontradas na Mesoamérica eram de Atlântida, no entanto; muitas eram cidades recentes construídas pelos maias, toltecas ou astecas. O que diferenciava as verdadeiras construções antigas era o uso de pedras gigantes ou os enormes portais em Mitla e Monte Alban. Lubaantun é assim, e a ausência de hieróglifos maias sublinha que provavelmente não seja dessa civilização. Mitchell-Hedges não poderia mostrar ao mundo uma cidade afundada no Mediterrâneo – o que se provou impossível –, mas podia mostrar-lhe Lubaantun.

O crânio supostamente encontrado em Lubaantun tinha muitas propriedades incomuns, e foi estudado a partir de meados dos anos de 1960 durante vários anos por Frank Dorland.

Frank Dorland era um conhecido curador de obras de arte da Baía de São Francisco, e seu perfil é descrito no livro *The Crystal Skull* (1973)[25] de Richard Garvin. Mitchell-Hedges deu-lhe permissão para submeter o crânio de cristal a testes nos laboratórios da Hewlett-Packard em Santa Clara, Califórnia. O crânio Mitchell-Hedges havia sido guardado volta e meia na casa de Dorland por mais de seis anos, e ele disse que ocasionalmente testemunhara o crânio brilhar, além de estranhos ruídos e cheiros que às vezes saíam do objeto.

Nos últimos dias em que esteve com o crânio, Dorland o submeteu a um banho de álcool benzílico nos laboratórios da Hewlett-Packard, com

---

25. GARVIN, Richard. *The Crystal Skull*. New York: Doubleday, 1973.

um facho de luz passando através do crânio submerso. Foi durante esse teste que ele notou que tanto o crânio quanto o maxilar haviam vindo do mesmo bloco de quartzo. Isso tornou ainda mais impressionante a escultura do crânio.

Os cristalógrafos na Hewlett-Packard também descobriram naquela época que o crânio e o maxilar haviam sido esculpidos sem seguir o eixo natural do cristal no quartzo. Isso é o que se pode esperar de crânios antigos, mas nem tanto dos crânios modernos. A razão para isso é que as ferramentas usadas no entalhe moderno de cristais vibram, e podem fraturar ou quebrar o cristal se este for cortado de forma errada. Assim, o primeiro procedimento é sempre determinar o eixo, e trabalhar ao longo dele durante o processo subsequente de dar forma.

De acordo com Dorland, ele não pôde achar evidências do uso de ferramentas de metal. Procurou sinais de arranhões que confirmassem isso utilizando-se de um microscópio eletrônico de alta potência para a análise. A partir de minúsculos padrões no quartzo perto das superfícies entalhadas, Dorland percebeu que o crânio fora inicialmente esculpido, de modo meticuloso, em um formato grosseiro, provavelmente com o uso de diamantes, por causa do grau de dureza necessário para um trabalho do tipo. O polimento final e a forma do crânio foram conseguidos, segundo Dorland, com inúmeras aplicações de soluções de água e areia de cristal silício. Em teoria, isso foi feito à mão – por exemplo, polindo-se o crânio com um pedaço de couro embebido na solução, processo que se repetiu vezes sem conta.

O problema com isso, sugeriu Dorland, é que, se esses processos foram usados, então significaria, segundo seus cálculos, que um total de 300 anos de trabalho contínuo foram gastos para se fazer o crânio. Mitchell-Hedges, em *Danger My Ally*, sugere que foram necessários 150 anos para confeccioná-lo. Se centenas de anos foram necessários para se fazer um crânio como esse, isso parece indicar que esses objetos eram muito importantes para as culturas que os produziram. Mas isso supondo que o crânio Mitchell-Hedges e outros crânios similares sejam de fato antigos. No caso do crânio Mitchell-Hedges, não temos mais testes recentes que confirmem ou contestem os resultados de Dorland.

Outro aspecto curioso do crânio é que os ossos zigomáticos (os arcos de osso que se estendem a partir das laterais e da frente do crânio, ou ossos da bochecha) são meticulosamente separados da peça do crânio; com o uso de princípios da ótica moderna, eles agem como poços de luz, ou "canos", para canalizar luz para cima a partir da base do crânio até as órbitas dos olhos. Dorland descobriu que as próprias órbitas são lentes côncavas em miniatura que transferem luz de uma fonte embaixo até a parte superior do crânio. Como se isso não bastasse, obtém-se ainda um outro efeito por meio de um "prisma em faixa" localizado no interior do crânio, ao longo de minúsculos túneis de luz, que amplificam e iluminam quaisquer objetos colocados abaixo do crânio.

Garvin, em *O Crânio de Cristal*, diz acreditar que o crânio foi projetado para ser colocado sobre um facho de luz direcionado para cima, que iluminaria o crânio e faria os olhos brilharem. Por causa dos prismas, ou "poços de luz", dentro do crânio próximo às órbitas dos olhos, haveria vários efeitos prismáticos que iluminariam todo o crânio e fariam com que as órbitas oculares se tornassem olhos reluzentes. Dorland realizou experimentos usando essa técnica, e reportou que o crânio "acende como se estivesse pegando fogo".

Adicionalmente, o maxilar fixa-se precisamente no crânio em dois encaixes polidos que permitem que se mova para a cima e para baixo. O crânio pode ser equilibrado exatamente onde dois minúsculos buracos foram furados em cada lado da base, apoiando-se em bastões de madeira ou metal. Tão perfeito é o equilíbrio através desses dois buracos que uma leve brisa faz com que o crânio faça "sim" para frente e para trás, o maxilar abrindo e fechando como contrapeso. Alternativamente, o crânio pode ser manipulado de baixo, se estiver assentado sobre algum tipo de altar oco ou caixa, e pareceria estar "falando". O efeito visual seria o de um crânio articulado que se move e fala, aceso com dois olhos reluzentes – uma visão sem dúvida espantosa e impressionante! Assim, parece que quem fez o objeto tinha conhecimento de pesos e pontos fulcrais, e queria fazer um crânio de cristal que aparentasse estar falando. De fato, um dos livros sobre o crânio de Mitchell-Hedges, dos anos de 1980, chamava-se *The Skull Speaks* [O crânio fala].[26]

Dorland acredita que esse "crânio falante" era usado como um oráculo. Pode-se imaginar a estranhíssima cena de uma pessoa sendo trazida para uma sala, ou templo antigo, e então sendo levada a um reluzente crânio de cristal em um altar. Quando este começa a falar, com a boca de fato se movendo, o espectador poderia impressionar-se bastante – e amedrontar-se. Repentinamente, o que pareceria impossível – um crânio de cristal reluzente e falante – estava diante de seus próprios olhos! Talvez, após algumas palavras escolhidas do crânio, os sacerdotes levassem a pessoa chocada para outra câmara, onde esta contribuiria com uma substancial soma financeira à igreja ou templo associados ao crânio falante e reluzente.

Garvin cita um funcionário da Hewlett-Packard chamado Jim Pruett, que disse: "Um dos caras brincou que era capaz de duplicá-lo se lhe dessem um ano e 100 mil dólares. Não há como provar sua idade. Muito da aura de ocultismo – lendas de mistério e maldade – que tem surgido em torno do crânio podem ter vindo de seus olhos. Ao mudarmos a fonte de luz, ou quando um observador move sua vista mesmo que sutilmente, uma variedade infinita de padrões de refração pode ser vista. São um tanto hip-

---

26. HADLEY-JAMES, Brian. *The Skull Speaks*. Toronto, Canada: Amhrea Publishing, 1985.

nóticos. Eu o encaro como uma belíssima obra de arte, independentemente de sua idade ou autenticidade. Não há como negar isso".[27]

Diz Garvin, em sua conclusão: "Seria praticamente impossível hoje em dia – em que o homem escala as montanhas da Lua – repetir tal feito. As lentes, os canos de luz e os prismas demonstram uma competência técnica que a raça humana só atingiu recentemente. Na verdade, não há ninguém no globo hoje que tentaria duplicar o crânio. Ele foi esculpido desprezando-se totalmente o eixo do cristal de quartzo e a fragilidade da própria substância".[28]

Por fim, Dorland diz o seguinte sobre os efeitos estranhos que o crânio Mitchell-Hedges aparentemente causa:

As propriedades supranaturais do crânio são obviamente intrigantes, mas existem e são demonstráveis a qualquer pessoa sensitiva. O crânio expõe e transmite ao cérebro humano todos os cinco sentidos: paladar, tato, olfato, visão e audição. O crânio muda visivelmente de cor e transparência, exibe um odor particular inconfundível quando assim deseja, planta pensamentos nas mentes dos observadores, deixa as pessoas com sede e imprime sons audíveis nos ouvidos dos observadores. Aqueles que meditam diante do crânio sentem tudo isso e também sentem pressões físicas em seus rostos e corpos. Quando um sensitivo posiciona as mãos perto do crânio, sente impressões de vibrações e energias distintas, além de frio e calor, dependendo de onde as mãos são colocadas.

No que diz respeito à visão, o crânio parece estar constantemente em estado de fluxo, exibindo mudanças de "humor", claridade e cor. Já se observou que a parte da frente do crânio fica esfumaçada como algodão doce. O exato ponto central do crânio fica às vezes tão absolutamente claro que parece desaparecer em um grande vazio. O próprio crânio já mudou de um transparente cristalino para variações de verde, violeta, roxo, âmbar, vermelho, azul, etc. O estudo visual do crânio tem fortes tendências a exercer efeitos hipnóticos na maioria dos observadores. Em pelo menos uma ocasião, o crânio demonstrou uma aura irradiante que permaneceu e ficou bastante evidente por um tempo de pelo menos seis minutos, permitindo que estudos bastante acurados, embora não prolongados, fossem feitos quanto à sua aparência.

---

27. GARVIN, Richard. *The Crystal Skull*. New York:, Doubleday, 1973.
28. Idem.

Numerosos sons já foram ouvidos por muitos observadores; os mais comuns, até agora, têm sido o tilintar rítmico de sinos ou tilintares agudos, e um coro semelhante a uma polifonia do que parecem ser vozes humanas suaves. Tem havido inexplicáveis sons de batidas, estalos, coisas quebrando-se e vários outros sons que podem ou não ter qualquer relação com a presença do crânio.

Tato, ou sensação física, não necessariamente nas pontas dos dedos, pois pouquíssimos indivíduos tiveram permissão de tocar o crânio. A maioria das sensações têm sido reportadas como olhos puxando, ou a sensação na parte de trás das órbitas oculares, um aperto na área peitoral e a contração de músculos das pernas e dos braços, ou de tendões. Observações demonstraram que essas sensações vêm frequentemente acompanhadas de pulso acelerado e aumento da pressão arterial, notados normalmente pela pulsação visível nas laterais da garganta. Por vezes houve um perfume ou odor distinto e evasivo, de um almiscarado suave e aveludado, com altas notas de tipo terroso, que é ao mesmo tempo amargo e ácido. O paladar, o último dos cinco sentidos, não esteve particularmente evidente até agora.

Provavelmente a coisa mais importante que o crânio fez enquanto esteve sob meus cuidados foi mostrar-me que quase todas as coisas vivas, e muitas das coisas inanimadas, são cercadas por um halo, ou aura, ou seja qual for o nome que se queira dar.[29]

Uma das coisas incomuns que a Hewlett-Packard descobriu sobre o crânio Mitchell-Hedges foi que o cristal permanece sempre a uma temperatura física constante de 48 graus Celsius, mesmo quando a sala estava a uma temperatura diferente.

Dorland é da opinião de que o cristal estimula uma parte desconhecida do cérebro, abrindo uma porta psíquica ao absoluto. Ele também concluiu que acontecimentos periódicos no crânio de cristal deviam-se a posições do Sol, da Lua e de planetas no céu.

Diz Dorland em seu livro *Holy Ice [Gelo Sagrado]*:[30] "Cristais continuamente enviam ondas de rádio semelhantes à eletricidade. Uma vez que o cérebro faz a mesma coisa, eles naturalmente interagem".

Alguns dias após os testes da Hewlett-Packard, Anna Mitchell-Hedges pegou o crânio com Dorland e levou-o de ônibus para Ontario, onde

---

29. Idem.
30. DORLAND, Frank. *Holy Ice: Bridge to the Subconscious*. St. Paul, Minnesotta, USA: Galde Press Inc., 1992.

ela morou, com alguns intervalos, por 30 anos. O crânio residiu com ela em Kitchener, Ontario, e mais tarde ficou na Inglaterra durante alguns anos. Ela retornou ao Canadá por um período, e então passou seus últimos anos em Indiana com o amigo Bill Homan. Ela faleceu aos 100 anos, em 2007. Em seu testamento, deixou o crânio para Homan.

Então, parece não haver dúvidas de que o crânio Mitchell-Hedges é capaz de produzir alguns efeitos memoráveis, mas seria ele genuinamente antigo? Muitos duvidam que seja, embora Dorland tendesse a acreditar que sim.

O mistério que paira sobre as origens desse crânio só faz acrescentar à lenda, em minha opinião. Teria sido Mitchell-Hedges um agente secreto em missão na América Central durante grande parte de sua vida? Teria ele de alguma forma adquirido o crânio enquanto estava na América Central nos intervalos de 1913 e 1934, ano em que *Blue Blaze* foi publicado? Mitchell-Hedges sugeriu que havia obtido o crânio como parte de um tesouro asteca secreto de uma cidade perdida. Sibley Morrill acreditava que ele o havia obtido de Pancho Villa enquanto andava com Ambrose Bierce. Meu coautor, Stephen Mehler, acredita que Mitchell-Hedges comprou o crânio de Sidney Burney em Londres, 1944. Mais sobre esse ponto de vista em um dos capítulos seguintes, de autoria de Stephen Mehler.

Desenho de uma Lubaantun reconstruída em Belize, que apareceu na Illustrated London News.

F. A. "Mike" Mitchell-Hedges, por volta de 1954.

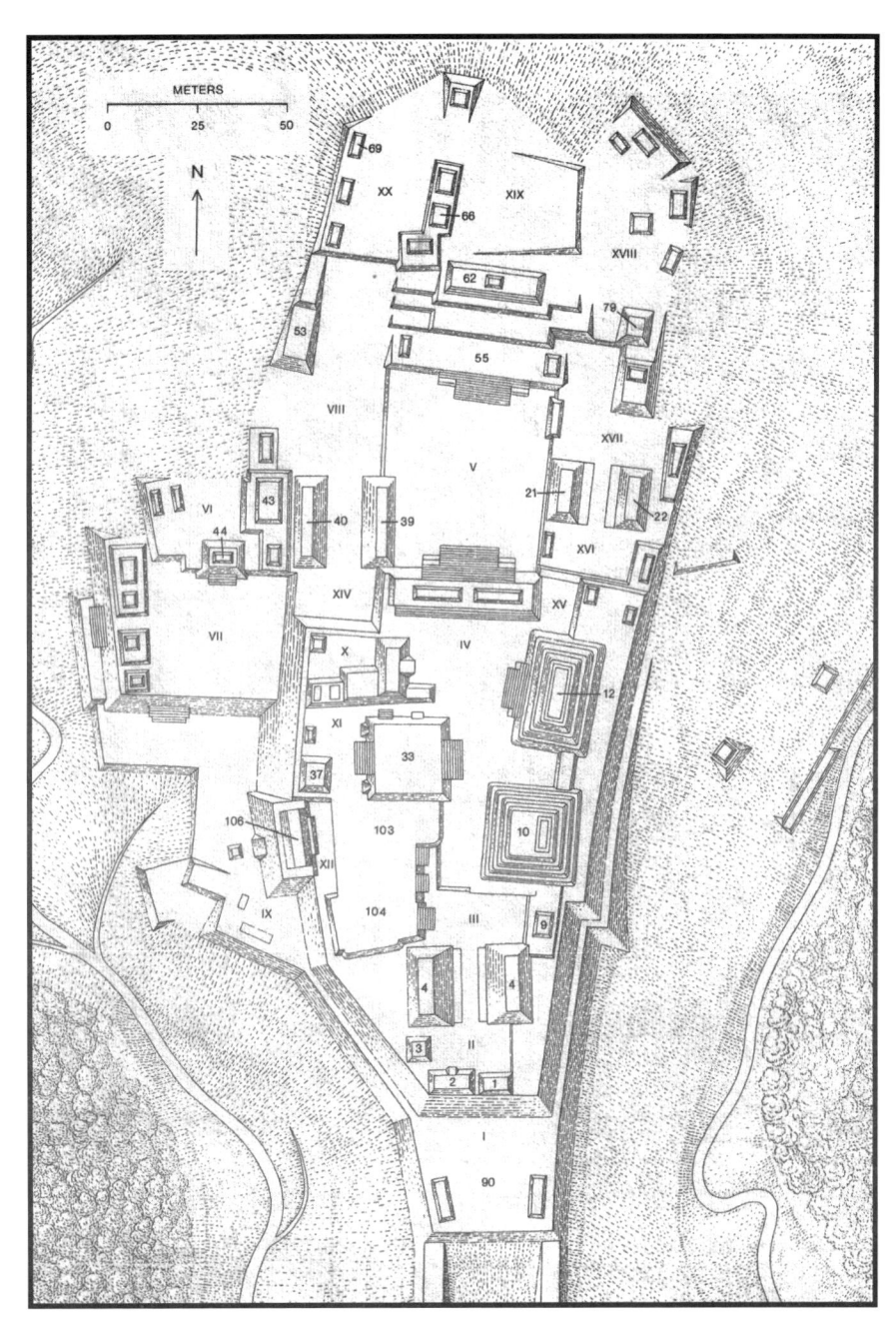

Mapa de Lubaantun.

Acima: Mike Mitchell-Hedges com crianças chucunaque, por volta de 1928. Abaixo: lady *Richmond Brown com o cozinheiro e guarda-costas do casal, Griffiths, por volta de 1922.*

Acima: Principal escadaria de Lubaantun após limpeza, em 1924. Abaixo: lady Brown e Mitchell-Hedges na Guatemala com uma "pedra de sacrifício" quíchua-maia, por volta de 1927.

Retrato em estúdio de lady *Richmond Brown, por volta de 1920.*

Lady *Richmond Brown com pistola, em retrato de 1923.*

Jane Harvey Houlson com rifle em retrato de 1934, para seu livro.

Lady *Richmond Brown* com mulheres bataneco, por volta de 1928.

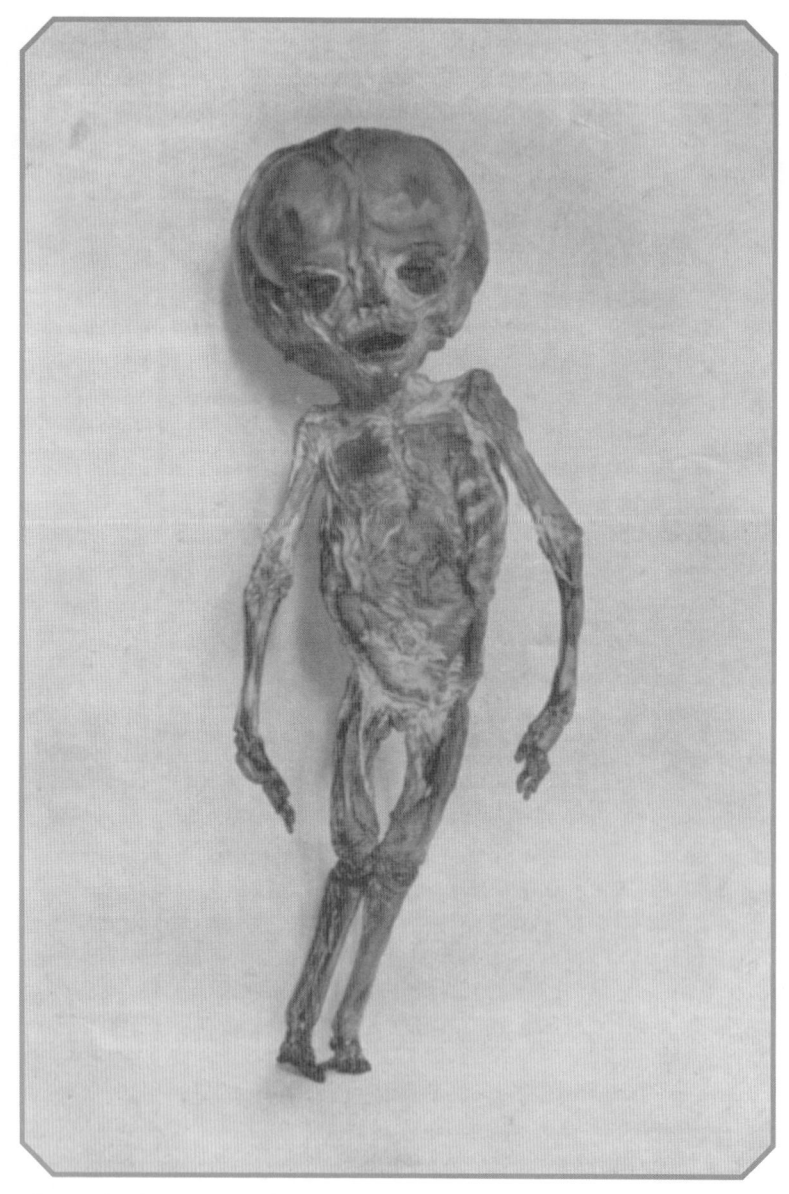

Foto de artefato bizarro, com legenda, que lady Brown *incluiu em seu livro,* Unknown Tribes, Uncharted Seas *(1924).*

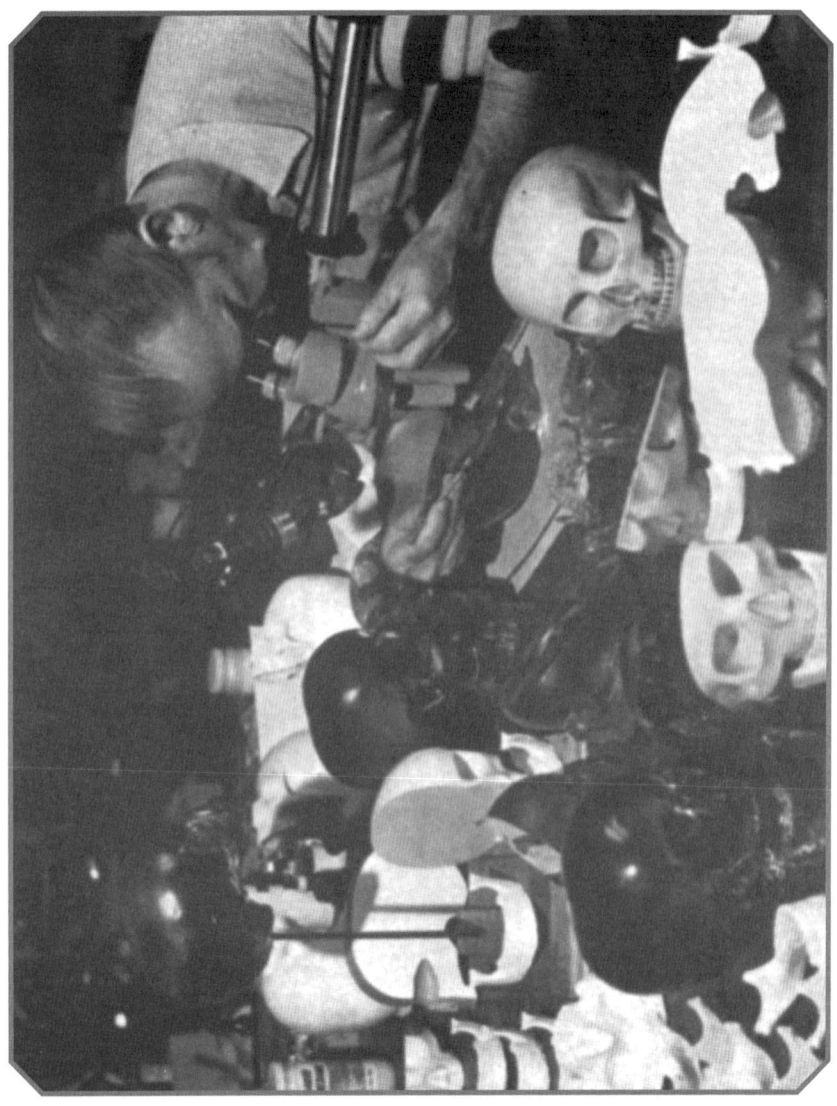

Frank Dorland trabalhando em seu ateliê de restauração de arte, por volta de 1969.

O crânio Mitchell-Hedges com o maxilar removido. Foto de Frank Dorland.

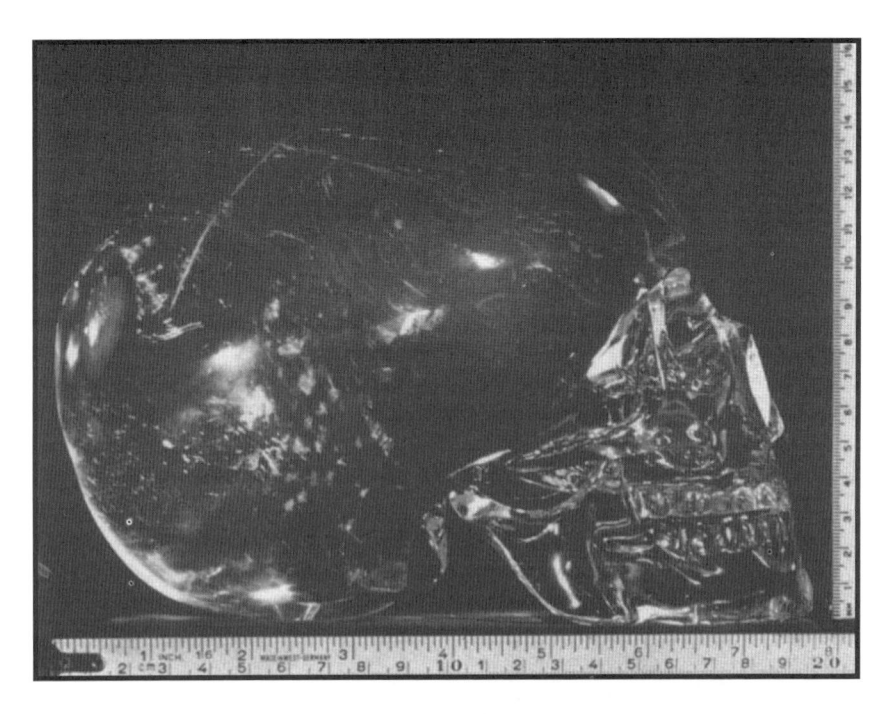

Acima: o crânio de cristal Mitchell-Hedges, vista lateral. À direita: Richard Garvin, autor do livro de 1973 The Crystal Skull, *que trouxe à atenção do mundo o crânio de cristal Mitchell-Hedges.*

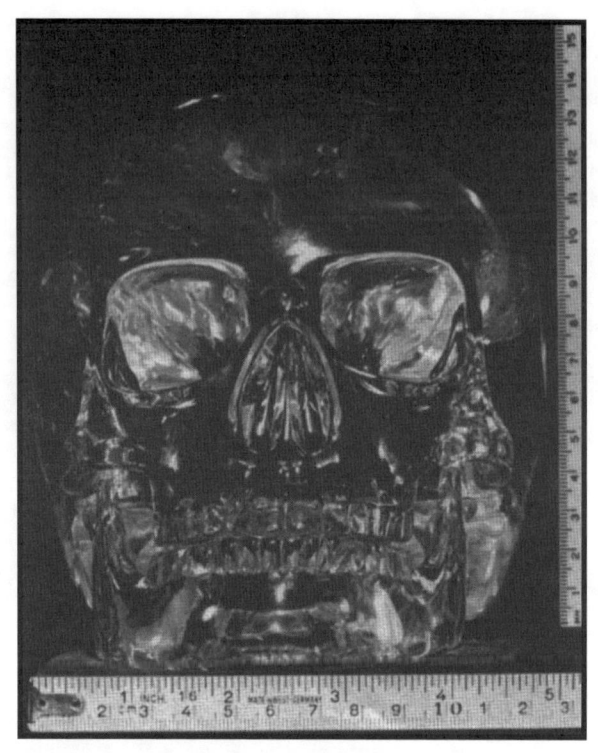

Vista frontal do crânio de cristal Mitchell-Hedges.

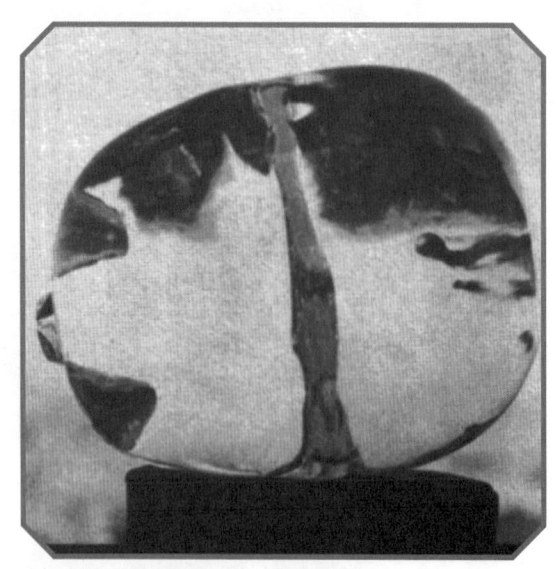

O crânio de cristal Mitchell-Hedges visto de cima, onde se pode observar o reflexo do prisma em forma de faixa entalhado na base do objeto e que age como lente de aumento.

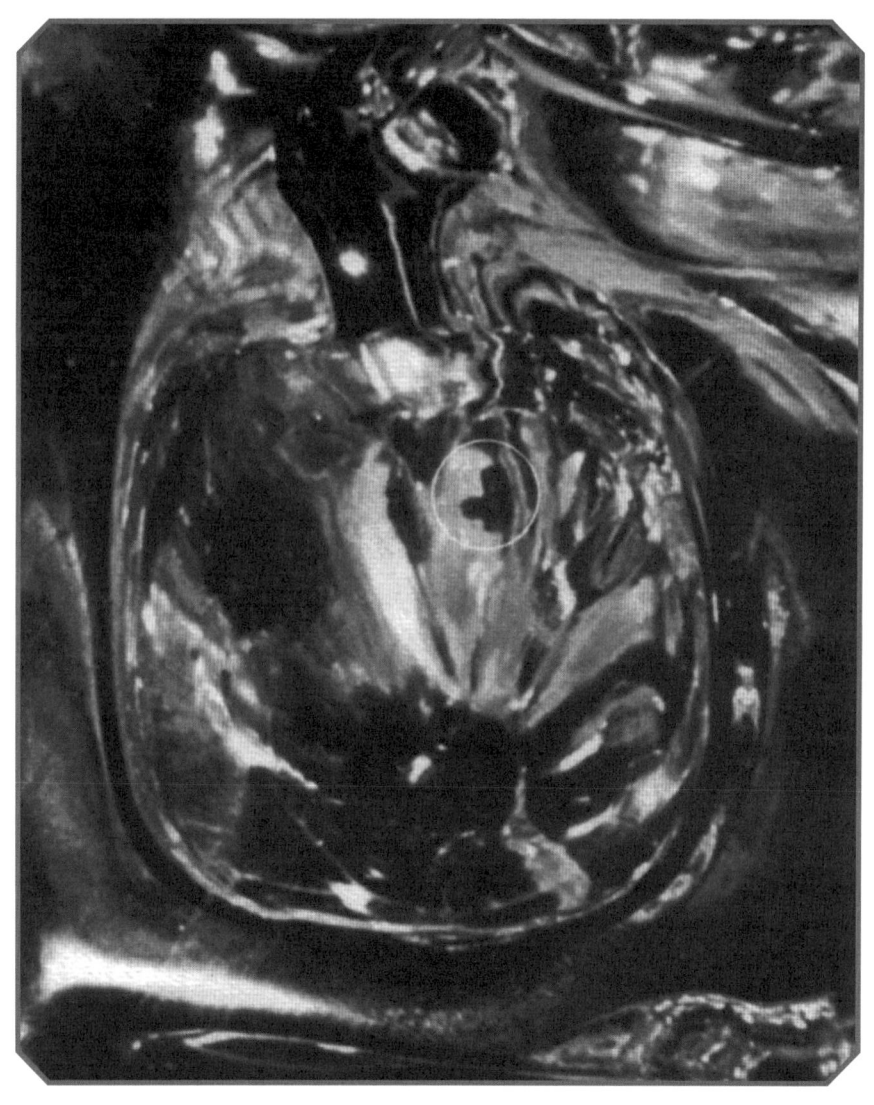

Uma das "cenas" dentro do crânio de cristal Mitchell-Hedges fotografada por Frank Dorland. Esta é do observatório Caracol (circulado acima) na cidade maia-tolteca de Chichén Itzá.

Anna "Sammy" Mitchell-Hedges autografando, por volta de 1970.

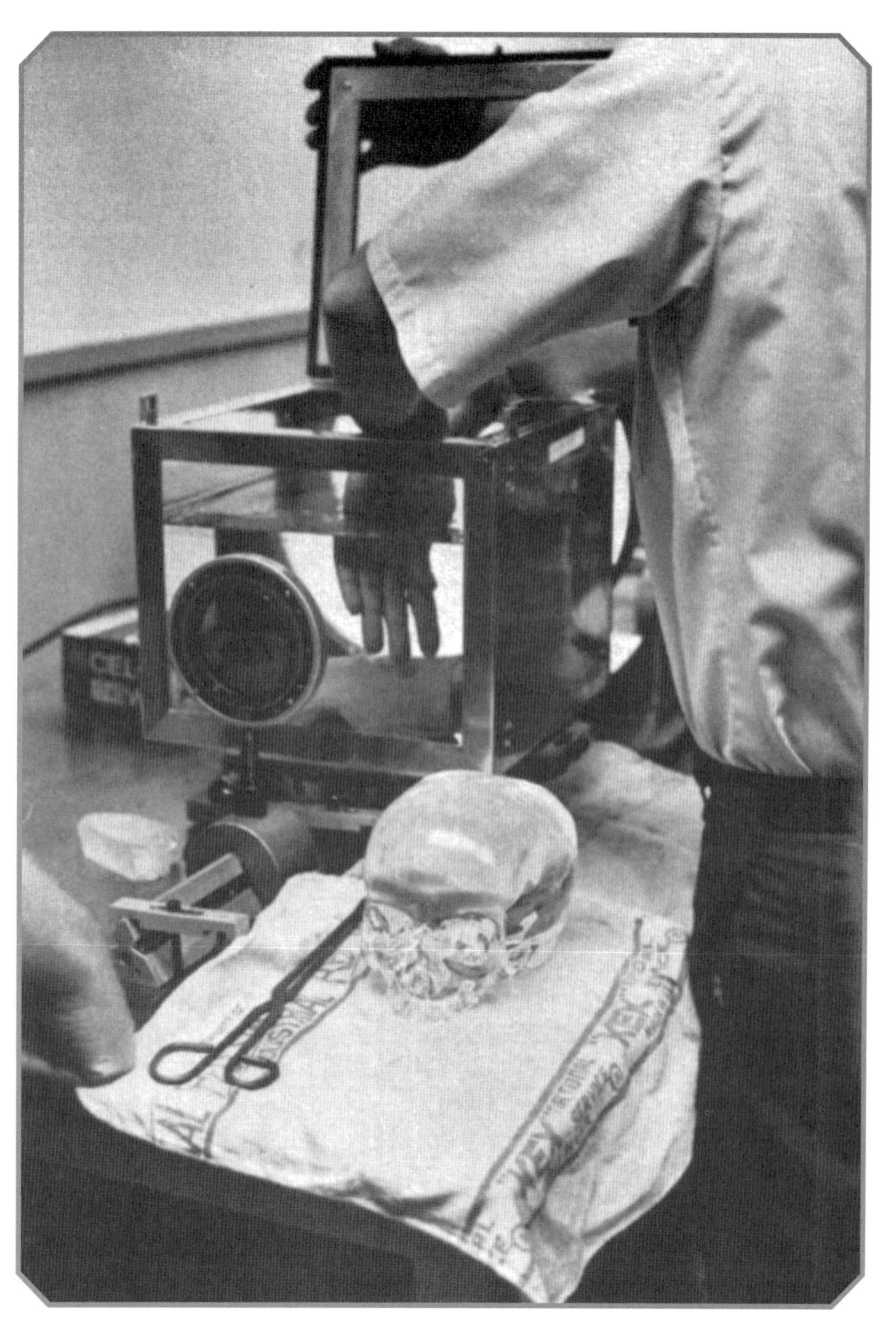

O crânio de cristal Mitchell-Hedges nos laboratórios da Companhia Hewlett-Packard, pouco antes de teste com luz polarizada, em 1970.

O crânio de cristal Mitchell-Hedges sendo testado com luz polarizada nos laboratórios da Companhia Hewlett-Packard.

Crânio de cristal Mitchell-Hedges mostrando em seu interior os tubos de luz, que foram descobertos nos laboratórios.

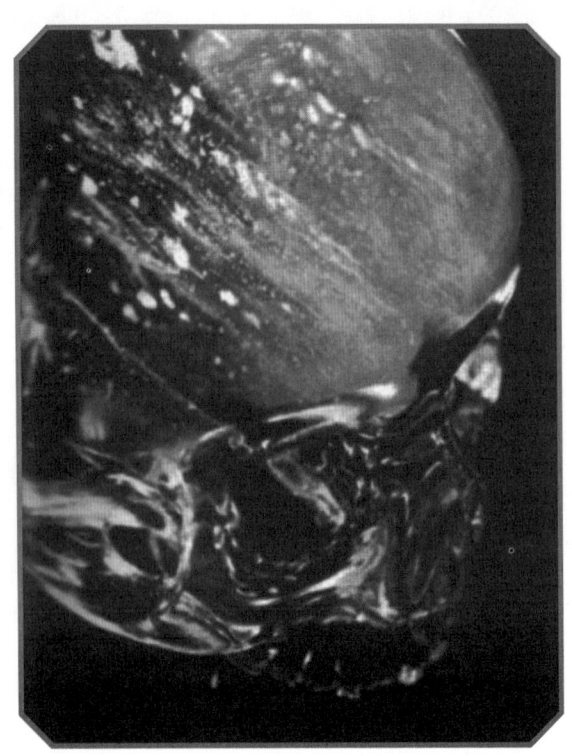

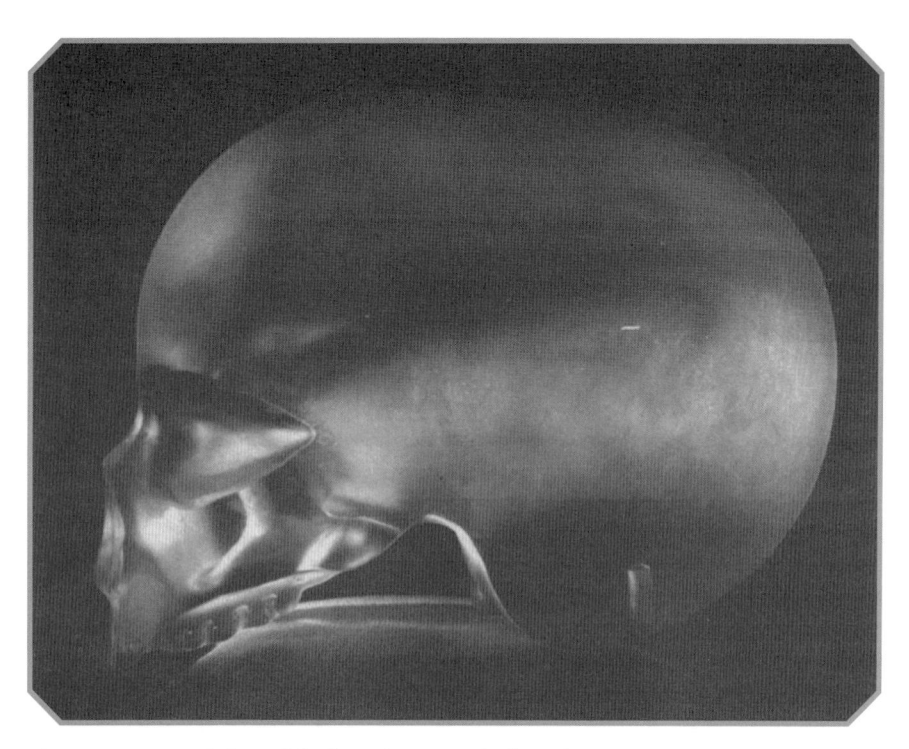

Corte transversal de molde do crânio Mitchell-Hedges feito em resina para mostrar a simetria exata dos buracos das órbitas. Note as protuberâncias cilíndricas na base do crânio.

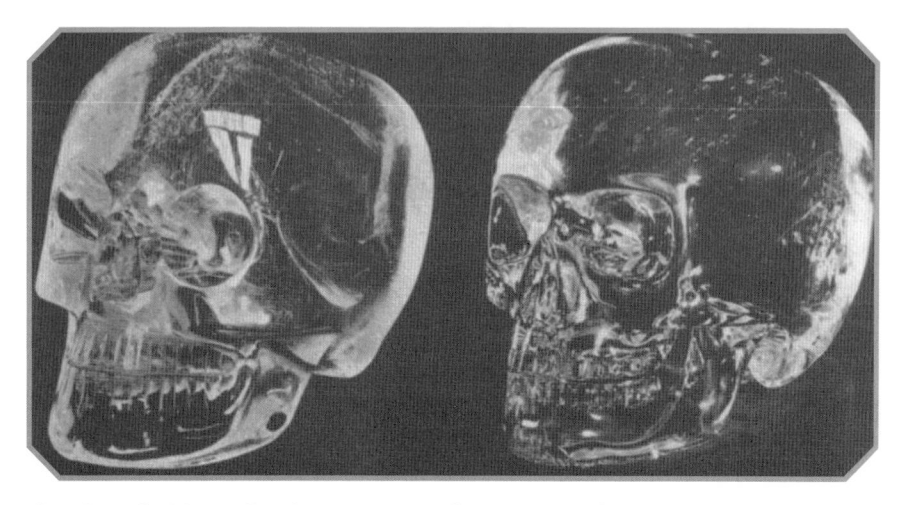

O crânio do Museu Britânico comparado ao crânio de cristal Mitchell-Hedges. Pensa-se que podem ser "gêmeos".

Corte transversal de molde do crânio Mitchell-Hedges feito em resina para mostrar a simetria exata dos buracos das órbitas.

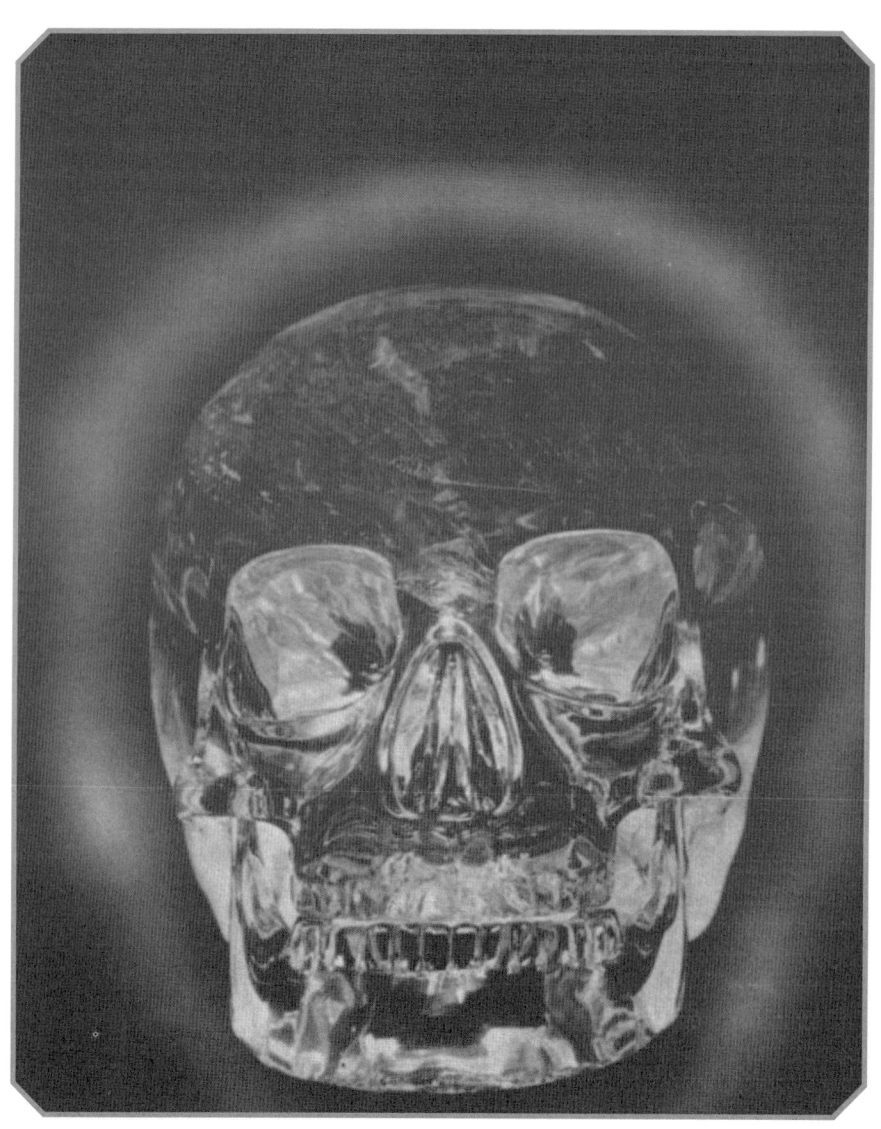

O crânio de cristal Mitchell-Hedges com simulação de aura, fotografado por Frank Dorland.

Parte Dois
Por Stephen S. Mehler

Figura 1 – O jovem Frank Nocerino, Brooklyn, Nova York. Foto cortesia da família Nocerino, 1933.

Capítulo 5

F.R. "Nick" Nocerino: o papa dos pesquisadores de crânios de cristal

Se soubéssemos o que é que estamos fazendo, não seria chamado de pesquisa, seria?
— Albert Einstein

F.R. "Nick" Nocerino (1926-2004): esse nome deveria ser reconhecido e respeitado por qualquer um que tenha feito qualquer pesquisa séria sobre cristais e crânios de cristal. Mesmo assim, é espantoso que nos vários livros escritos sobre crânios de cristal, alguns lançados nestes últimos anos, ou nos vários *sites* que discutem o assunto, seu nome e trabalho sejam mencionados muito brevemente, ou nem isso.

Este capítulo não estará à altura de vida e do trabalho desse homem memorável. A biografia definitiva de Nick Nocerino ainda precisa ser escrita, e será uma história dinâmica e fascinante, quando for contada. Mas tive a grande sorte de ter conhecido Nick Nocerino e trabalhado com ele por vários períodos entre 1983 e 2004, além de ter aprendido tanto com ele sobre cristais em geral, e sobre crânios de cristal em particular. Assim, eu estaria sendo incrivelmente relapso se escrevesse sobre crânios de cristal sem ao menos dedicar um capítulo à sua memória.

Nick Nocerino nasceu em 30 de outubro de 1926, no Brooklyn, Nova York. Como também nasci no Brooklyn, sempre compartilhamos dessa conexão e compreensão. Tenho afirmado em várias ocasiões que os nova-iorquinos sempre acreditam que são únicos e separados do resto dos Estados Unidos. Pessoas nascidas no Brooklyn se consideram únicas e separadas do resto de Nova York, que dizer do resto do país! Nick nasceu em uma família ítalo-americana sob um verniz de catolicismo romano. Mas sua avó materna estava profundamente envolvida em antigas tradições metafísicas da Wicca, e isso exerceu tremenda influência sobre a vida dele.

Figura 2 – Frank Nocerino (à esquerda) com seu irmão Vinny, Brooklyn, Nova York. Foto cortesia da família Nocerino, 1937.

Nascido com extrema sensibilidade a todas as vibrações, um "médium" no jargão comum, Nick conseguia "enxergar" e sentir outras dimensões além da física, e desenvolveu cedo a habilidade de comunicar-se com o mundo espiritual. Ele naturalmente deduzira, até se tornar um jovem adulto, que todas as pessoas eram dotadas das extraordinárias habilidades que ele tinha. Quando nasceu (na mesa da cozinha da casa de sua família, com sua avó wicca e outras de seu *coven** fazendo o papel de parteiras – assim conta sua família), sua avó não jogou fora a placenta, mas, de acordo com a tradição wiccana, entregou-a a uma conhecida, que a guardou junto com alguns pequenos cristais de quartzo. Quando tinha por volta de 7 anos de idade (ver figura 1), Nick foi até a casa dessa mulher, conhecida como "Co-madre", termo de respeito e veneração a uma *strega*, ou *stregone*, uma alta sacerdotisa wicca. Ela lhe disse que ele era "especial" e que tinha ha-

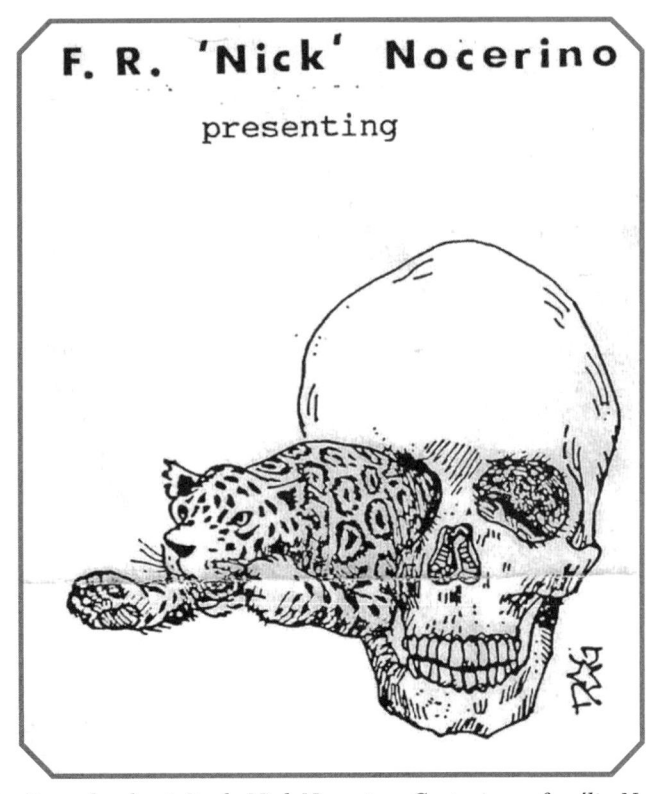

Figura 3 – Desenho da visão de Nick Nocerino. Cortesia na família Nocerino.

bilidades para ensinar e ajudar muitas pessoas. Ela também ensinou a Nick sobre cristais e deu-lhe aqueles que havia guardado junto com a placenta, para que os utilizasse em volta do pescoço como proteção. Esses "cristais de nascença" foram seu primeiro contato, ainda cedo, com a maravilha dos

---

*N.E.: *Coven:* Nome dado a um grupo de bruxas, que se reunem para estudos da Arte mágica ou para louvar a Deusa e o Deus.

cristais, dando início a um interesse que durou por toda a vida. Nick também comentava sobre uma mulher que ele conhecia apenas como "sra. Parker", que também pertencia ao *coven* de sua avó. A sra. Parker ajudou o jovem Nick a se alfabetizar, mas também lhe ensinou sobre os usos dos cristais de quartzo. Ela usou cristais para curar, com sucesso, o baço inchado de Nick, doença que os médicos não eram capazes de curar. Ensinou a ele, assim, o uso dos cristais para cura.

Um incidente sério aconteceu na vida de Nick quando ele tinha por volta de 9 anos (ver figura 2), relacionado ao assunto deste livro. Ao subir as escadas para o andar superior de sua casa no Brooklyn, Nick "viu" uma estranha aparição em sua frente. Um crânio apareceu diante dele em um espelho, e ele imediatamente percebeu que era um crânio de cristal, e não humano. Viu uma cobra sair de um dos olhos, seguida de outra! Então viu um jaguar sair do olho direito (ver figura 3). Ficou espantado com a cena, mas, graças a seus conhecimentos wiccanos, não ficou com medo nem se assustou com o ocorrido. Mas também nunca esqueceu!

Nick alistou-se na Marinha durante a Segunda Guerra, quando tinha apenas 17 anos. Foi a bordo de um navio com destino à Europa que ele ganhou o apelido de "Nick", que usaria pelo resto da vida. Seu superior a bordo do navio ficou consternado ao saber que havia vários "Franks" no grupo, incluindo Frank Nocerino. Com o intuito de distinguir um do outro, ele apelidou alguns de seus homens. Ao saber que Frank Nocerino tinha uma namorada grega, apelidou-o "Nick, the Greek" ["Nick, o grego"]. O nome pegou, e Frank Nocerino ficou sendo Nick para sempre.

Em 1944, dois importantes eventos ocorreram na vida de Nick. Ao desembarcar na França, logo após o Dia D, Nick e seus companheiros rumaram para o sul da França. Quando se encontravam perto de Carcassone, na área conhecida como Languedoc – que já fora um local de resistência dos cátaros contra a Igreja Católica Romana nos séculos XII e XIII, e uma área de importância para os cavaleiros templários –, pararam para descansar em uma fazenda. Ao se aproximar de um poço próximo à casa da fazenda para puxar água e se lavar, Nick tirou a camisa junto com seus cristais de nascença que estavam em seu pescoço. Quando o fazendeiro francês dono do lugar viu os cristais de Nick, ficou todo animado e empolgado, e começou a falar alto em francês com Nick. Por meio de um tradutor, Nick calmamente respondeu às perguntas que o fazendeiro lhe fazia. Então o homem saiu correndo e retornou logo depois com um embrulho que havia mantido bem escondido, o qual entregou a Nick. Nick abriu o embrulho e viu um crânio de cristal de quartzo fumado, do tamanho de uma cabeça adulta. Seus companheiros ficaram maravilhados, mas, por causa da visão anterior que havia tido, Nick não se surpreendeu nem se assustou ao ver esse primeiro crânio de cristal. O fazendeiro então explicou que estivera esperando por alguns "mensageiros" que levassem o crânio para fora da França, e queria que Nick fizesse o serviço. Ao cair em si que estava no meio de uma guerra, e confiando em sua intuição, Nick educadamente recusou a oferta do crânio que o francês fizera. Mais tarde, Nick ficou sabendo que esse crânio havia sido denominado "O Sangue de Cristo", e que uma sociedade secreta, que havia impedido que o crânio caísse nas mãos da Gestapo, estivera esperando que as pessoas certas o removessem da França. Nick se referia a esse crânio de cristal como o "Crânio dos Templários", porque nele tivera visões de cavaleiros templários.

Por volta de agosto de 1944, o navio YMS-13 em que Nick viajava foi acidentalmente atingido e afundado pela Marinha francesa. Nick sobreviveu, mas perdeu seus cristais de nascença no acidente. Ele certamente teria perdido o crânio de cristal se o tivesse levado consigo – uma das muitas vezes em que a intuição de Nick funcionou muito bem. Nick me disse, em 2001, que retornou à França anos mais tarde procurando por aquele crânio de cristal, mas em vão. Ele acreditava que o crânio estivesse escondido em uma cripta na margem de um rio ao sul da França, onde pode estar ainda hoje. Após sair do serviço, Nick começou sua carreira como professor e pesquisador sobre todas as coisas metafísicas e paranormais, e continuou a estudar crânios de cristal. Ele fundou a "Sociedade Internacional dos Crânios de Cristal" na cidade de Nova York, no final de 1944, e levou-a para a Califórnia no início de 1945. Essa organização era, até se desfazer em 2004, o grupo mais antigo e reconhecido dedicado à pesquisa e a testes de crânios de cristal antigos no mundo. Nick reuniu muitos estudantes em torno de si, e então crânios de cristal começaram a aparecer em todos os cantos – como ele sempre dizia ao longo dos anos: "Os crânios de cristal vêm atrás de mim, não sou eu que vou atrás deles!".

Ao buscar mais informações sobre crânios de cristal, Nick viajou para várias localidades no México e na América Central no final dos anos de 1940, e muitos crânios apareceram em seu caminho. Ele uma vez estimou que havia visto quase 450 crânios diferentes feitos de vários cristais e pedras durante esse período – muitos do tamanho de uma bola de tênis ou beisebol. Entretanto, em 1949, ele ouviu falar sobre alguns crânios de cristal genuínos, e conseguiu vê-los. Um crânio memorável era carregado em um saco de couro pendurado no pescoço de um xamã maia na Guatemala, perto de Honduras. Esse xamã era muito respeitado pelo povo, e havia aparecido quase do nada, segundo Nick. O saco continha um crânio de cristal de quartzo rosa, do tamanho do crânio de um adulto, e seu maxilar desencaixava, assim como o do famoso crânio Mitchell-Hedges. Nick estimou que o peso do crânio de cristal de quartzo rosa era em torno de 5,4 e 6,3 quilos, e mais tarde disse que era maior que o crânio Mitchell-Hedges. Nick não conseguiu tirar fotos desse crânio em 1949, e tentou por muitos anos encontrá-lo novamente, sem sucesso. Ele disse sentir que era mantido em uma caixa de obsidiana, o que impedia que ele fosse capaz de detectá-lo fisicamente. Em 2000, ele achou que o objeto estava "se movendo" em algum lugar na Guatemala. Antes de morrer, Nick disse-me acreditar que o crânio de cristal de quartzo rosa era o verdadeiro "Crânio Mestre", ou pelo menos um deles, e o mais poderoso com que já tivera contato.

Nick casou-se e mudou-se com a família no final dos anos de 1940 para o Norte da Califórnia, onde começou a dar aulas nos anos de 1950. Ele ganhou a primeira credencial para o ensino de Parapsicologia emitida pelo Conselho Estadual de Educação da Califórnia no início de 1950, e passou a dar palestras em faculdades e universidades, e a dar aulas particulares, o que continuou fazendo até o fim da vida (ver figura 4). Nos anos de 1960 e 1970, o interesse por crânios de

Figura 4 – Nick Nocerino e seus estudantes. Foto cortesia da família Nocerino. Década de 1970.

cristal começou a crescer, e muitas pessoas contatavam Nick para falar dos crânios que tinham, pedindo que ele os "autenticasse". A grande maioria desses crânios era moderna, mas Nick disse-me ter visto provavelmente 15 a 18 crânios de cristal que poderia ter classificado como artefatos antigos, caso testes amplos houvessem sido feitos.

Nick tinha ouvido falar do crânio Mitchell-Hedges no final dos anos de 1940, provavelmente pelo programa de rádio na BBC do próprio Mitchell-Hedges, exaltando os mistérios do objeto. No fim dos anos de 1960 e começo da década de 1970, soube que o crânio estava nas mãos do restaurador de arte Frank Dorland, em Marin County, Califórnia. Nick foi então

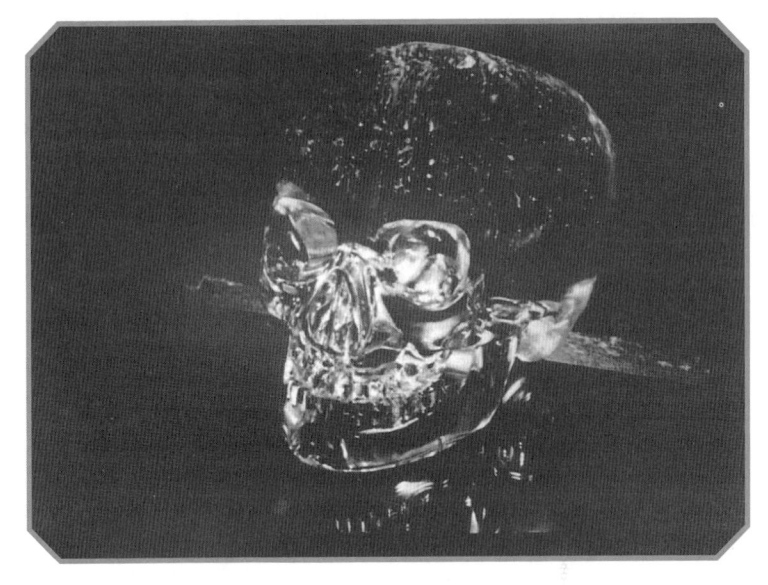

Figura 5 – O crânio Mitchell-Hedges. Foto de Norman J. Benzie, 1986.

capaz de ver o crânio brevemente, e ficou impressionado – era esculpido com perfeição em cristal de quartzo de alta qualidade ótica, com maxilar destacável, assim como o crânio de cristal de quartzo rosa que ele já havia visto. Em 1985, Nick organizou e conduziu uma equipe de pesquisa até a casa de Anna Mitchell-Hedges, a filha adotiva de F. A. Mitchell-Hedges e herdeira do crânio por ocasião da morte dele, em 1959. Naquela época, ela vivia em Kitchener, Ontário, Canadá. A equipe passou mais de duas semanas testando e estudando em profundidade o crânio (ver figura 5). As conclusões de Nocerino e sua opinião final sobre esse crânio serão apresentadas mais à frente.

Nos anos de 1960, um homem chamado Richard Shafsky veio trabalhar com Nocerino e estudar sob sua orientação. Após ver o crânio Mitchell-Hedges pela primeira vez, Nick achou que deveria fazer outra viagem ao México com seu grupo para tentar localizar o outro crânio antigo, sobre o qual os xamãs maias lhe haviam falado em 1949. No início dos anos de 1970, Richard foi enviado ao México em uma missão de "caça aos fatos". Nick deu-lhe instruções específicas quanto ao que dizer e para onde ir nessa missão, especificamente a área mexicana de Oaxaca. Nick instruiu Richard a dizer, para qualquer sacerdote ou xamã maia que porventura encontrasse, que estava procurando pela "Ordem do Jaguar". Isso viera da visão de infância de Nick. Richard acabou encontrando um homem chamado Francisco Reyes, que afirmava ser um sacerdote maia da Ordem do Jaguar e afeiçoou-se a Richard. Este ficou

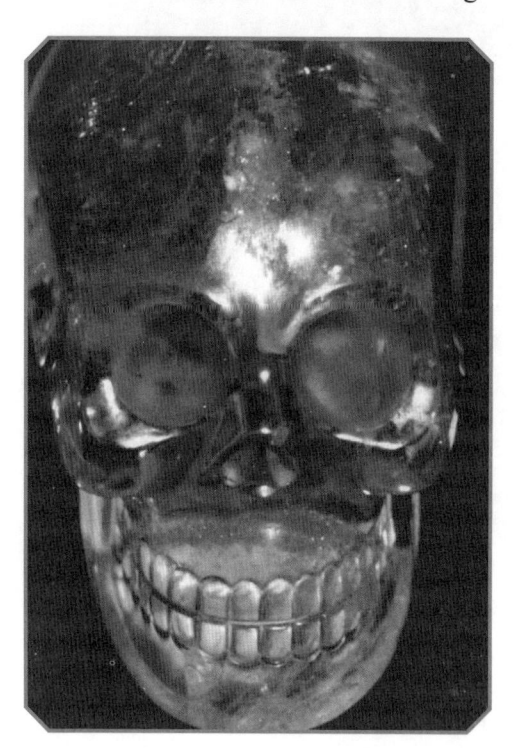

Figura 6 – Crânio de cristal maia. Sociedade Internacional dos Crânios de Cristal. Foto de Susan Emigh. 1980.

Figura 7 – Crânio de cristal ametista. Foto de Françoise Beaudoin. 1983.

sabendo que Francisco e seu grupo eram chamados de "mentalistas" pelas autoridades mexicanas – "mentalistas" eram pessoas que utilizavam suas habilidades intuitivas para encontrar tumbas olmecas e maias e vender seus conteúdos no mercado negro. Francisco admitiu o fato, mas afirmou que era responsável por trazer alimentos e cuidados médicos a muitos povoados maias, onde as pessoas eram muito pobres e passavam muita necessidade.

Na metade dos anos de 1970, Richard encontrou um homem no México chamado John Zamora, de San Jose, Califórnia, que estivera trabalhando como agente de negócios com executivos americanos e mexicanos em vários empreendimentos. Zamora tornou-se amigo de Francisco e seu grupo, e concordou em tentar ajudar os maias a venderem seus produtos para os americanos. Richard soube que Francisco e seu grupo haviam encontrado vários crânios de cristal, junto com artefatos de jade de origem olmeca, maia e asteca.

Em 1979, Richard contatou Nick para falar de um crânio de cristal específico que Francisco tinha. Nick foi para o México e encontrou-se com Francisco, e imediatamente percebeu que o crânio de cristal que este possuía era um dos que lhe haviam descrito em 1949. Haviam lhe contado sobre vários crânios de cristal com "marcas dentadas" nos lados, e esse era um deles! Após vários encontros com Francisco e seu grupo, Nick voltou para os Estados Unidos. O crânio apareceu na Califórnia em outubro de 1979, depois que Nick havia pago todas as despesas envolvidas, e foi entregue a Nick e sua equipe para estudo e pesquisa. Após três meses de pesquisa intensiva, Nick chamou o crânio de "O Crânio de Cristal Maia", porque ele e seus estudantes haviam visto muitas cenas dos maias e suas cerimônias no crânio (ver figura 6). O mesmo sacerdote, Francisco Reyes, trouxe outro crânio de cristal para os Estados Unidos em novembro de 1982. Esse crânio, que ele chamara de "O Crânio de Cristal Ametista", foi apresentado primeiro para mim, e então providenciei para que Nick o visse e pudesse trabalhar com ele na casa de John Zamora em San Jose, Califórnia, em abril de 1983 (ver figura 7). Nick tinha apenas algumas horas com esse crânio, mas fui capaz de observá-lo trabalhar pela primeira vez e aprender muito. Ele compartilhou comigo apenas uma pequena parte do que havia aprendido com o crânio, o que será apresentado no capítulo "Pesquisas Sobre os Crânios de Cristal".

Ao longo dos anos de 1980, 1990 e início de 2000, Nick deu muitas palestras, oficinas e seminários sobre cristais e crânios de cristal. No início dos anos de 1980, Nick apresentou as primeiras palestras públicas sobre seu trabalho com o crânio maia (ver figura 8). Estas foram as primeiras palestras abertas do mundo a versar, de fato, sobre pesquisas com crânios de cristal!

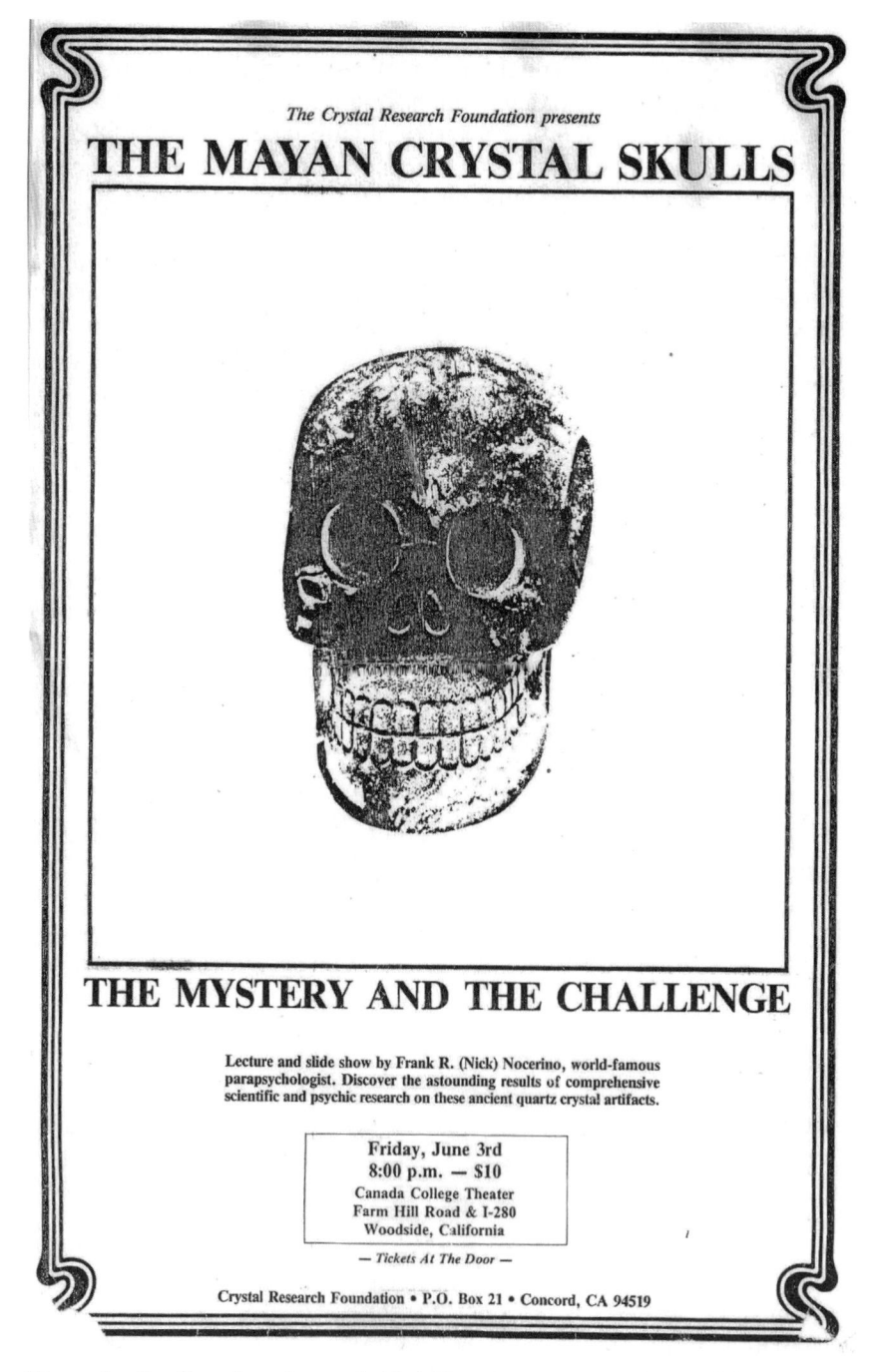

Figura 8 – Panfleto de palestra de Nick Nocerino. Cortesia da família Nocerino.

Ele esteve em muitos programas de TV nacionais e locais, foi entrevistado no rádio e apareceu em vários vídeos sobre crânios de cristal. Muitos dos alunos de Nick acabaram eles mesmos escrevendo livros, o que rendeu a Nick o título de "Professor dos Professores". Nick trabalhou com vários arqueólogos, cristalógrafos, escultores de cristais e pedras, engenheiros, médicos e cientistas da computação por meio da Sociedade dos Crânios de Cristal Internacional. Foi ele quem estabeleceu um método científico de laboratório para testar, estudar e autenticar crânios de cristal antigos. O alto padrão que criou é utilizado até hoje por pesquisadores como eu. Ao trabalhar com o crânio de cristal maia e o crânio de cristal Mitchell-Hedges nos anos de 1980, Nick e sua equipe de pesquisa criaram o sistema tripartite de classificação de crânios de cristal usado até hoje: contemporâneo, intermediário e antigo. O crânio de cristal contemporâneo é aquele que foi entalhado nos últimos cem anos, em especial nos últimos cinquenta, quando literalmente milhares de crânios de todos os tamanhos foram produzidos. O crânio de cristal intermediário é o que foi feito entre cem e algumas centenas de anos atrás. Muitos dos crânios de cristal por aí que são apontados como antigos por seus donos (ou por pesquisadores duvidosos ou fontes com pouco ou nenhum arcabouço científico no que tange a objetos antigos) são na verdade intermediários ou mesmo contemporâneos. Por fim, um crânio classificado como genuinamente antigo teria sido transformado em crânio há mais de mil anos. Como dito anteriormente, Nick comentou comigo em 2001 que havia visto no máximo 18 crânios que classificaria como antigos, mas podia ter certeza apenas quanto a nove ou dez que havia testado.

Após aparecer em vários programas de TV e rádio nos anos de 1980 e 1990, Nick envolveu-se na produção de uma série de filmes sobre suas pesquisas com crânios de cristal. Alguns desses eram *Journey into the Crystal Skulls* (Sociedade dos Crânios de Cristal, 1987), *Crystal Skulls* (1992) e *Skull Trek: The Journey of The Crystal Skulls* (Pelton Productions, 1995). Também foi coautor do livro *Mysteries of the Crystal Skulls Revealed* (J&S Aquarian Networking, 1988). Nesse livro, Nick apresenta ao público, de forma quase completa, as informações que possuía até então.

Nos anos de 1990, Nick foi bastante ativo nas pesquisas com crânios de cristal. Ele contribuiu com uma escavação arqueológica no México central em 1995 utilizando-se de sua grande habilidade de "ver" onde escavar. Ele instruía os arqueólogos sobre onde estariam os melhores lugares para encontrar tesouros ocultos, fazendo com que encontrassem muitos artefatos. Vários crânios de cristal, em particular, foram encontrados nessa escavação. Nick obteve um desses crânios, feito de cristal de quartzo de um fumado translúcido, do tamanho de uma cabeça humana, ao qual denominou "Sha-Na-Ra" em homenagem a um curandeiro pessoal que ele tinha (ver figura 9). Nick classificou esse crânio como um antigo crânio de cristal após testá-lo e trabalhar com ele. Em 1998, o dr. Chet Snow organizou a primeira Conferência de Cura com Cristais em Sedona, Arizona. Nick era um dos conferencistas, e falou sobre crânios de cristal com Sha-Na-Ra. Na

Figura 9 – Sha-Na-Ra, o crânio de cristal Nocerino. Foto de Charles Pelton. 1999.

programação estavam também JoAnn Parks com Max, o crânio de cristal do Texas (ver capítulo sobre Max). Era a primeira vez que dois crânios de cristal antigo apareciam juntos, e a conferência foi um sucesso. Nick também foi palestrante na Terceira Conferência de Cura com Cristais em Sedona, em 2001. JoAnn Parks e Max também estavam na programação, e eu fiquei honrado com o convite para ser um dos conferencistas. Foi a única vez em que estive na mesma conferência que Nick, e foi um prazer tê-lo na plateia quando apresentei minha pesquisa sobre crânios de cristal e civilizações antigas – a única ocasião em que ele me viu falar publicamente sobre o assunto. Essa foi também a última palestra pública que Nick Nocerino apresentou.

Nick adoeceu seriamente após 2001 e não apareceu mais em público. Minha esposa e eu passamos algumas horas preciosas com ele em sua casa, em 2002, e pouco depois disso nos falamos por telefone pela última vez. Chet Snow havia planejado organizar uma Quarta Conferência de Cura com Cristais para 2003, mudando o local para a área da Baía de São Francisco por causa do estado de saúde de Nick (ver figura 10), mas acabou cancelando-a, e é possível que Nick não comparecesse mesmo que a conferência tivesse sido realizada. Ele morreu em 23 de maio de 2004, e o mundo perdeu não apenas um investigador e pesquisador proeminente de crânios de cristal, mas um dos maiores professores do século XX. Nick Nocerino era um homem verdadeiramente extraordinário de muitas faces. Era um "caça-fantasmas" original chamado para investigar assombrações e intervenções de espíritos. A esse respeito, Nick apareceu muitas vezes em shows na TV, incluindo os especiais originais "In Search Of" [Em busca de] nos anos de 1970, e o show de Johnny Carson na NBC. Nick era Mestre da Tradição Wiccana, um professor de todos os aspectos da metafísica, um médium e terapeuta habilidoso, um guia para as almas perdidas – tanto físicas quanto não físicas –, um esposo amoroso e um amigo para muitos.

Várias centenas de pessoas lotaram um restaurante na cidade natal de Nick, San Pablo, Califórnia, para um memorial em sua homenagem em 2004. Outras centenas de pessoas enviaram condolências à sua família e continuam a fazê-lo até hoje. Nick tocou e influenciou literalmente milhares de pessoas durante a vida – estudantes, buscadores e aqueles simplesmente curiosos e interessados – e continua a ter enorme influência até hoje.

Tive conversas marcantes com Nick em 1999, 2001 e 2002 sobre suas pesquisas e conclusões sobre crânios de cristal. Ele sempre dizia: "Quanto mais pesquiso sobre crânios de cristal, tanto menos sei sobre eles!". Isso demonstrava sua verdadeira humildade, pois jamais houve alguém com tantos anos e horas gastos nesse tipo de pesquisa como ele. As últimas conclusões de Nick serão apresentadas pela primeira vez ao público geral nos últimos capítulos deste livro. Esta obra e todos os livros sobre crânios de cristal, que mencionem ou não o nome dele, são uma homenagem à vida e ao trabalho de Nick Nocerino e seu testemunho (ver figura 11).

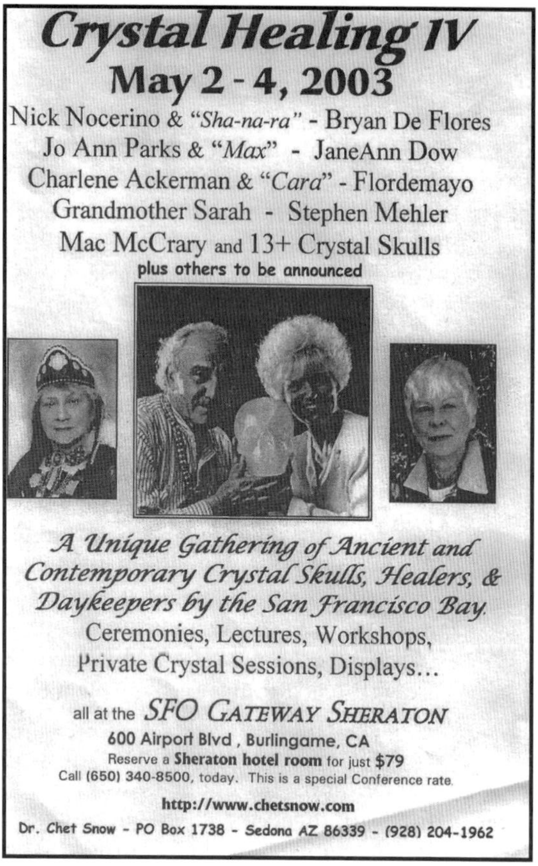

Figura 10 – Panfleto da Quarta Conferência de Cura com Cristais do dr. Chet Snow. 2003.

Figura 11 – Nick Nocerino. Foto cortesia da família Nocerino. 2000.

Capítulo 6

Outros crânios de cristal

Não sou eu que busco os crânios de cristal, são eles que vêm atrás de mim!
— Nick Nocerino

Grande parte dos livros sobre crânios de cristal, especialmente daqueles que foram publicados antes de 1987, menciona apenas o famoso crânio de cristal Mitchell-Hedges e alguns outros que estão em museus. Há um crânio de cristal de quartzo transparente, do tamanho de um crânio adulto, no Museu Britânico em Londres. Foi supostamente roubado de uma tumba no México no final dos anos de 1860, quando o ditador austríaco Maximiliano estava no poder, e vendido por um "mercenário" para a Tiffany's em Nova York, na década de 1880. A Tiffany's vendeu o objeto ao Museu Britânico em 1898. Os primeiros antropólogos que o examinaram classificaram-no como "asteca", somente porque acreditavam que o Império Asteca era a única civilização mesoamericana a esculpir crânios em cristal, mas essa é uma compreensão limitada em consequência da falta de informação ou de um estudo abrangente das civilizações antigas e de suas habilidades tecnológicas antes do advento da escrita. Ainda não tive a experiência de ver pessoalmente o crânio do Museu Britânico. Esse crânio aparece na capa do livro de Arthur C. Clarke, *Mysterious World* [Mundo Misterioso] (Welfare & Fairley, 1980). Há também um pequeno crânio de quartzo fumado translúcido no Musée de L'Homme (agora no Museu Trocadéro) em Paris que já foi classificado como asteca. Também nunca vi esse crânio.

Discutiremos neste capítulo vários outros crânios de cristal que podem ser artefatos antigos. Há literalmente centenas de crânios do período intermediário por aí afora com particulares, esculpidos há bem mais de cem anos, que muitos proprietários e outros "pesquisadores" classificaram como antigos. Também existem literalmente milhares de crânios contemporâneos com particulares, a maioria esculpida nos últimos

– 145 –

cinquenta anos que alguns "especialistas" duvidosos classificaram como antigos. Até onde é de meu conhecimento, os únicos crânios que foram cientificamente testados e estudados são os que eu discuto ao final deste e de outros capítulos. Como mencionei, Nick Nocerino e seus alunos da Sociedade Internacional dos Crânios de Cristal estabeleceram os padrões e métodos para o teste e a classificação de crânios de cristal. Nick Nocerino testou e examinou centenas de crânios nos anos de 1970, 1980 e 1990, mas achou poucos que acreditou serem realmente antigos. Tive a sorte de poder também examinar e testar pessoalmente vários desses crânios.

De 1978 a 1980, fui contratado como cientista da Equipe de Pesquisa da Ordem Rosa-cruz, AMORC, em San Jose, Califórnia. Em novembro de 1979, o curador do Museu Egípcio Rosa-cruz em San Jose, Dale Jordan, foi contatado por um homem que queria expor um artefato no museu, caso a Ordem se dispusesse a "autenticar" o item. Esse homem era o mesmo John Zamora mencionado no último capítulo, e ele estava ali como agente do sacerdote maia Francisco Reyes e de seu grupo no México. Zamora enviou algumas fotografias a Jordan, e estas me foram trazidas para que eu comentasse.

As fotos chegaram a mim no Departamento de Pesquisa por causa dos meus conhecimentos em Arqueologia e Pré-história; para a Ordem, eu era considerado a "autoridade" da casa no assunto antiguidades. As fotografias mostravam um crânio de cristal de quartzo de tamanho adulto, o que me interessou bastante, uma vez que aquela era a primeira vez que eu estava tendo contato com o fenômeno dos crânios de cristal. Contatei Zamora, e providenciamos para que o crânio fosse trazido aos nossos laboratórios para testes.

Em 4 de janeiro de 1980, John Zamora veio para o Laboratório de Pesquisa Rosa-cruz com o crânio que havia sido chamado de "O Crânio de Cristal Maia" por Nick Nocerino. O crânio era feito de um cristal de quartzo fosco a transparente, que tinha aproximadamente 10,16 centímetros de altura, 20,32 centímetros de comprimento e pesava 3,97 quilos. O crânio era mais estilizado do que anatômico, e tinha dois entalhos circulares nas laterais (ver figura 1). John Zamora nos disse que o crânio havia sido encontrado em uma tumba na Guatemala, perto da cidade maia de Copán, em 1912, pela família Montano. A partir daí, fora guardado por famílias de xamãs maias. Os detalhes de nossa pesquisa serão apresentados mais à frente. Também organizamos duas sessões de psicometria naquele dia; a primeira com o dr. Marcel Vogel, um rosa-cruz que também era cientista sênior da IBM e que acumulara mais de 25 anos de trabalho (em 1980) com cristais e que também examinara o crânio de cristal Mitchell-Hedges e o crânio de cristal do Museu Britânico. Eu gravei a sessão com Vogel, e ele forneceu muitas informações sobre cristais em geral, e especialmente sobre crânios de cristal. Tais informações serão compartilhadas no capítulo sobre pesquisas com crânios de cristal. À tarde, fizemos uma sessão de psicometria com Michael Campbell, autodenominado Warlock, que fora classificado como sensitivo por vários parapsicólogos em Nova York. Essa sessão foi também muito interessante, e será compartilhada abertamente pela primeira vez no capítulo sobre pesquisas.

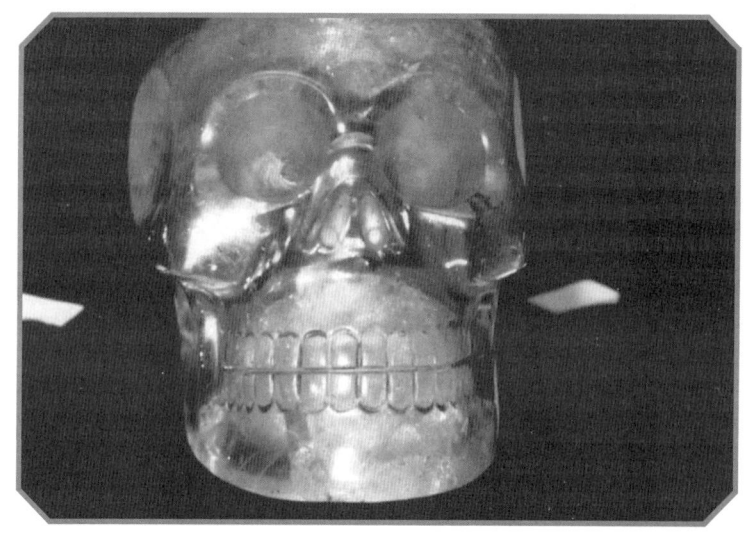

Figura 1 – Crânio de cristal maia. Foto de Susan Emigh. 1980.

John Zamora trouxe novamente o crânio de cristal maia para o Laboratório de Pesquisa Rosa-cruz em março de 1980, para outra jornada de testes e sessões de psicometria. Os resultados me animaram, e escrevi dois relatórios sobre nosso trabalho para o Departamento de Pesquisa. Entretanto, o crânio não podia ser datado cientificamente, e por isso o dr. George F. Buletza, diretor do Departamento de Pesquisa Rosa-cruz, não permitiu que continuássemos com nossa pesquisa ou que deixássemos o crânio em exibição no museu. Na verdade, uma pressão de outros diretores da Ordem, céticos quanto ao nosso trabalho, pôs fim à pesquisa. Pude levar o crânio para casa por alguns dias em março de 1980, onde continuei a testá-lo.

Zamora e eu tínhamos uma relação amigável, enquanto ele usava meu nome como o "especialista" a ser contatado por quem se interessasse por comprar o crânio. Durante esse período, soube de Nick Nocerino e seu

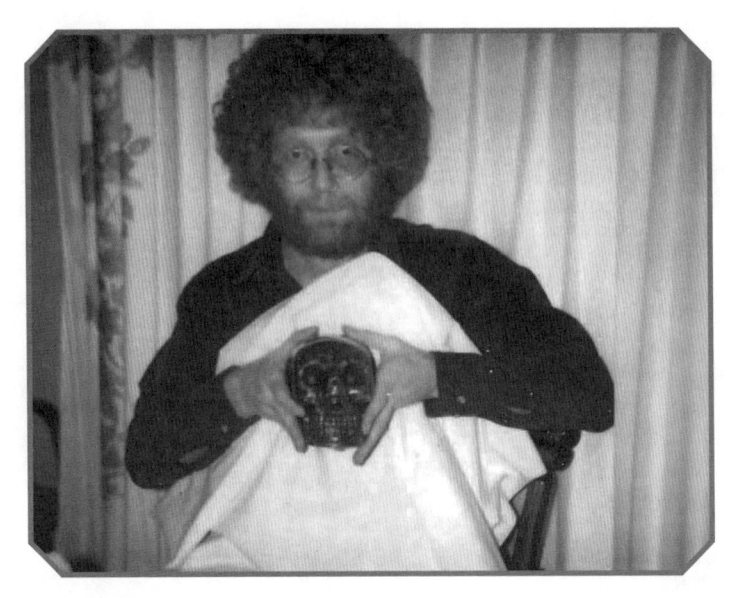

Figura 2 – Stephen Mehler com o crânio de cristal Ametista. Foto de Paul Rader. 1982.

trabalho com o crânio de cristal maia em uma revista chamada *The Uni-Com Guide*, edição de abril de 1980.

Saí do Departamento de Pesquisa da Ordem Rosa-cruz no final de 1980, mas mantive contato com John Zamora. Ele me procurou novamente em 1982 e disse-me que o sacerdote maia para quem ele servia como agente estava em San Jose com outro crânio. Corri para a casa dele e encontrei Francisco Reyes pela primeira vez. Ele tinha outro crânio de cristal, menor que o crânio maia e feito de ametista (ver Figura 2).

Passamos a chamar esse crânio de crânio de cristal ametista, sem saber que na época Nick Nocerino já havia visto e testado vários diferentes crânios de ametista. Esse tinha o tamanho do crânio de um jovem adulto, com 10,16 centímetros de altura, 17,78 centímetros de comprimento e 3,86 quilos. Era feito de uma ametista roxa com vários matizes. Tinha uma linha branca semelhante a uma sutura que se destacava por toda a volta do crânio, dividindo-o em dois, embora fosse feito de uma única peça de ametista (ver figura 3). O crânio também tinha dois entalhes circulares nas laterais, e parecia ter sido feito pelo mesmo povo ou cultura responsável pelo crânio maia. Senti-me realmente interessado por esse crânio ametista, e pude ficar com ele por uma semana inteira para estudos e testes.

Organizei muitas sessões com esse crânio para as quais convidei muitos amigos da Rosa-cruz e outros para examiná-lo e fazer psicometria, e registrei tudo. O crânio de cristal ametista foi examinado por arqueólogos, antropólogos, cristalógrafos, especialistas em construções de pedra, escul-

Figura 3 – Crânio de Cristal Ametista. Topo mostrando linha de sutura. Foto de Françoise Beaudoin. 1983.

tores, artistas da lapidação de pedras preciosas, técnicos e sensitivos habilidosos. Essa pesquisa será compartilhada publicamente no capítulo sobre pesquisas. Minhas próprias conclusões são de que tanto o crânio de cristal maia quanto o crânio de cristal ametista são genuínos artefatos antigos.

No final de 1986 fui entrevistado sobre minhas pesquisas por uma das alunas de Nick Nocerino, Sandra Bowen, e seu companheiro, para um livro que estavam escrevendo sobre crânios de cristal. Apenas concordei com a entrevista porque Nick Nocerino seria também coautor do livro, que mais tarde foi publicado como *Mysteries of the Crystal Skulls Revealed* (J&S Aquarian Publishing, 1988). Foi o primeiro livro a discutir em detalhes as informações sobre crânios de cristal além do crânio de cristal Mitchell-Hedges. Entretanto, as informações e conclusões ali apresentadas por mim e por Nick ficaram ultrapassadas, e serão atualizadas neste livro.

Em 1988, acompanhei várias das pessoas que estavam envolvidas na produção daquele livro em Scottsdale, Arizona, ao verem e terem a experiência de estar perto do crânio Mitchell-Hedges. Ele fora trazido para uma conferência sobre OVNIs por Anna Mitchell-Hedges, então dona e guardiã do artefato. Pude passar várias horas por dia, por alguns dias, com o crânio, que pesa cinco quilos e é feito de cristal quartzo de qualidade ótica e mandíbula separada e destacável. Era transparente como vidro e quase perfeito – digo "quase" porque muitos que já escreveram sobre esse crânio já o descreveram como perfeito e sem falhas. Isso não está totalmente correto, pois há uma leve oclusão no topo do crânio, notada por mim em 1988. Além disso, alguns pesquisadores duvidosos já proclamaram que o crânio é humano que se cristalizou. Acredito que essa conclusão não tenha qualquer fundamento. Embora o crânio Mitchell-Hedges seja uma tentativa acurada de estudo anatômico de um crânio humano, em uma inspeção mais detalhada que fiz descobri que, sob vários aspectos, ele não é anatomicamente correto, e não é uma cópia exata de um crânio humano. Apresentarei as conclusões mais tarde neste livro.

Em maio de 1989, estive na Whole Life Expo em São Francisco, Califórnia. Fui principalmente para ver a palestra de Nick Nocerino sobre crânios de cristal, a primeira vez que o ouvi falar publicamente sobre o assunto. Mas também fui ver outro crânio de cristal que estava em exibição. Era Max, o crânio de cristal do Texas, cujos donos eram JoAnn e Carl Parks (ver figura 4). Nick apresentou-me aos Parks, pois haviam se tornado amigos muito próximos por volta daquela época, e eles gentilmente permitiram que eu pudesse examinar Max por bastante tempo. É o crânio de cristal com o qual passei mais tempo, e é tão importante que mereceu um capítulo

Figura 4 – Max, o crânio de cristal do Texas. Foto de Stephen Mehler. 2000.

à parte neste livro. Max tornou-se o crânio de cristal mais estudado, testado e publicamente disponível de todos desde 1987.

Em 1999, na segunda conferência de Chet Snow sobre cura com cristais e crânios de cristal em Sedona, Arizona, pude estabelecer contato com outro dos alunos de Nick Nocerino, DaEl Walker, ele próprio autor de um

Figura 5 – Madre, Rainbow e Zar. Foto de Stephen Mehler. 1999.

livro sobre cristais. DaEl havia participado da equipe de pesquisa de Nick que estudara o crânio Mitchell-Hedges em 1985, no Canadá. DaEl havia adquirido vários crânios de cristal no México, e os havia trazido para a conferência. Três desses crânios, os quais DaEl denominara "Rainbow", "Madre" e "Zar", eram bastante interessantes, e seu dono permitiu que eu passasse algum tempo com eles (ver figura 5). Apesar de não ter tido tempo de testar e trabalhar de forma adequada e completa esses crânios, senti fortes impressões ao estar perto de todos os três. Minha impressão inicial de Rainbow, um crânio pequeno – talvez do tamanho do crânio de uma criança – de cristal de quartzo transparente com lindas cores espectrais, foi de que poderia ser um artefato antigo. Senti fortemente que Madre, um crânio grande de quartzo claro-fumado, e Zar, de aparência incomum, oco, de um quartzo amarelado e fumado, eram definitivamente intermediários e talvez até antigos.

Vários dos crânios de Joke Van Dieten estavam também na conferência de Sedona em 1999. Embora ela não tenha permitido que eu tivesse acesso aos crânios, pude observá-los de perto. Senti que a maioria de seus crânios era contemporânea, e alguns talvez fossem intermediários. Entretanto, um espécime, um crânio de quartzo fumado de cabeça alongada que ela chamara de "ET", por causa de sua forma incomum, tinha uma energia muito poderosa que pude detectar a distância. Nick Nocerino teve a oportunidade de trabalhar com esse crânio, e disse-me que era definitivamente intermediário e provavelmente antigo.

Em 2001, na terceira das conferências de Chet Snow, em Sedona, Nick trouxe seu crânio, Sha-Na-Ra. Eu o havia visto em 1998, mas não pude passar um tempo com o artefato. Nick permitiu a mim e à minha esposa, Theresa, algumas horas com Sha-Na-Ra para observação e estudo. É um crânio grande, inteiro feito de cristal de quartzo fumado com uma aparência de antigo, pesando aproximadamente 5,9 quilos (ver figura 6). Eu imediatamente percebi que o crânio lembrava um hominídeo pré-histórico a que os antropólogos chamam *Homo erectus*, e só esse fator fez com que eu sentisse que era um artefato antigo. Mais sobre isso no capítulo sobre pesquisas com crânios de cristal.

Em resumo, eu diria que já vi muitos crânios de cristal que são artefatos antigos. Em estudos e testes feitos por mim e por outros, o crânio de cristal maia, o crânio de cristal ametista, Max (o crânio de cristal texano) e Sha-Na-Ra (o crânio de cristal Nocerino) mostraram-se genuinamente antigos. O crânio de cristal Mitchell-Hedges é o mais controverso de todos, e é com certeza intermediário e possivelmente antigo. Isso completa uma lista de quatro, ou talvez nove, crânios que conheço que podem ser artefatos antigos inexplicáveis pelos paradigmas convencionais da antropologia.

Muitos já afirmaram que esse crânio ou aquele são antigos, mas aqueles mencionados aqui são os únicos testados por organizações que considero competentes: Nick Nocerino e a Sociedade Internacional dos Crânios de Cristal; eu mesmo e os Laboratórios de Pesquisa da Rosa-cruz; os Laboratórios da Hewlett-Packard ou os do Museu Britânico. Nick Nocerino mencionou apenas 18 dos crânios que testou ou examinou que poderia classificar como antigos, incluindo o crânio de cristal dos templários, conhecido como "Sangue de Cristo", o crânio de cristal de quartzo rosa e o crânio de cristal de ametista, que Nick chamava de Crânio de San Jose (não o crânio de ametista do qual eu falo aqui, mas um de San Jose, México). Nick nunca pôde detalhar quais eram os outros crânios.

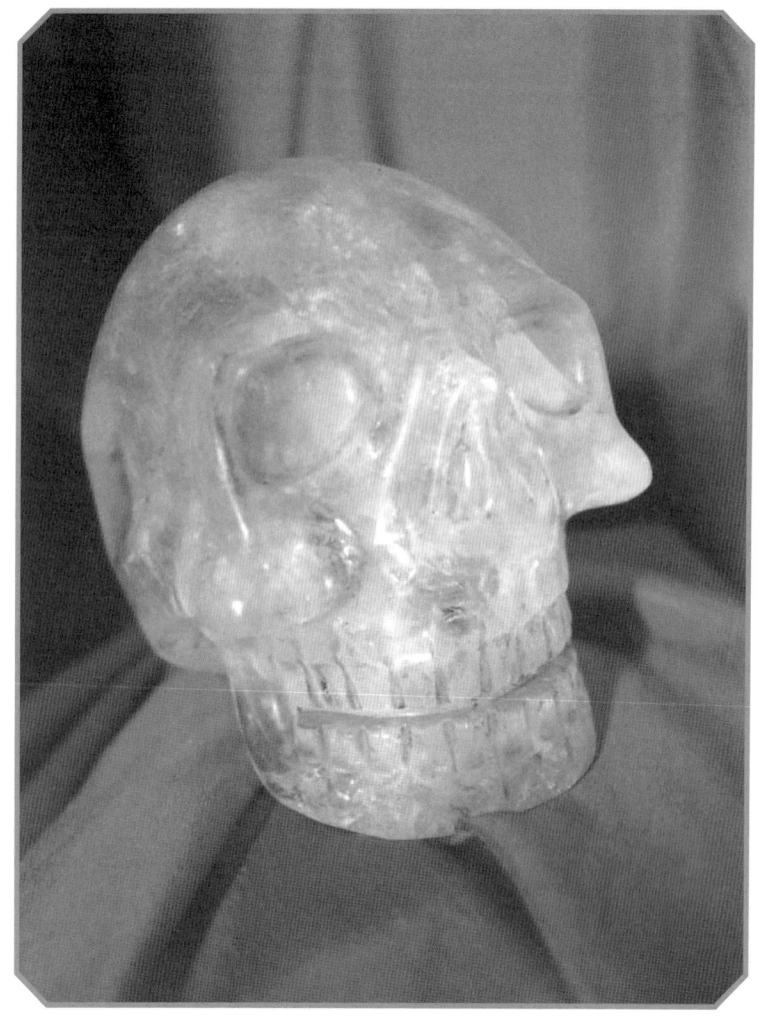

Figura 6 – Sha-Na-Ra, o crânio de cristal Nocerino. Foto de Charles Pelton. 1999.

Capítulo 7

Pesquisas sobre os crânios de cristal

Há mais coisas entre o Céu e a Terra do que sonha nossa vã filosofia.
— William Shakespeare

Há vários livros que já foram escritos sobre diversos aspectos dos crânios de cristal. A avassaladora maioria deles, se não todos, foi escrita por jornalistas ou pesquisadores que não fizeram qualquer pesquisa original por conta própria. Até onde eu sei, apenas a Sociedade Internacional dos Crânios de Cristal, os Laboratórios de Pesquisa da Rosa-cruz; os Laboratórios da Hewlett-Packard e do Museu Britânico – em duas ocasiões, 1936 e 1996 – realizaram testes e pesquisas legítimas em crânios de cristal. Em anos recentes houve relatos de que o Instituto Smithsonian, na cidade de Washington, testou alguns dos crânios mencionados neste livro, mas são relatos falsos e serão mencionados no próximo capítulo.

Como eu disse, Nick Nocerino e seus alunos estabeleceram métodos de teste e classificação de crânios de cristal na Sociedade Internacional dos Crânios de Cristal, nos anos de 1960 e 1970. Utilizando as designações "contemporâneo", "intermediário" e "antigo" para classificação, Nick Nocerino apresentou a técnica do *scrying*, ou observação de cristais, a seus alunos. *Scrying* é um termo arcaico que descreve uma pessoa tentando interagir por meio de sua própria mente com um cristal para "ver" imagens nele. Como ensinou Nick, quando se trabalha com um cristal transparente, como o do crânio Mitchell-Hedges, é preciso "embaçar" o cristal para que se consiga ver algo. Quando se trabalha com um cristal fumado, como o crânio de cristal maia, é preciso "limpar" o cristal para que se consiga ver as cenas. Essa técnica tem sido utilizada há séculos por ocultistas que usam a bola de cristal para "ver o futuro"! A técnica mais moderna atualmente em uso chama-se psicometria, que foi popularizada pelo professor J.B. Rhine, da Universidade de Duke, em 1930 – ele já foi chamado de "O Pai da Parapsicologia". A psicometria envolve uma pessoa segurando um artefato "desconhecido", histórico ou pré-histórico que não tenha registros históricos ou de proveniência. Proveniência é um termo usado na Arqueologia que diz respeito a um achado ou escavação que é documentado e registrado com testemunhas para manter um registro acurado dos artefatos, estabelecendo assim uma "cadeia de custódia". Os arqueólogos mantêm uma cadeia de custódia para registrarem e documentarem exatamente onde e quando o artefato foi encontrado, e suas posteriores transferências para um museu ou para particulares. Grande parte dos crânios de cristal tem proveniência duvidosa, uma vez que não há registros históricos acurados sobre quando e como foram encontrados, e de onde foram escavados. A pessoa fazendo psicometria com um objeto faz afirmações quanto às imagens, cenas ou informações que obtém do objeto. Usar a psicometria com preparo científico ou de laboratório, em que impressões obtidas de diferentes observadores podem ser comparadas, pode ser o único jeito de obter informações sobre um objeto desconhecido que não tenha proveniência arqueológica documentável.

O Museu Britânico esteve envolvido no primeiro estudo científico que se conhece sobre crânios de cristal, em 1936. Os resultados desse estudo foram publicados na edição de julho de 1936 da MAN, um periódico mensal publicado sob coordenação do Royal Anthropological Institute of Great Britain and Ireland [Instituto Real de Antropologia da Grã-Bretanha e da Irlanda]. Dois crânios de cristal foram estudados e comparados: o crânio de cristal do Museu Britânico e outro chamado "The Burney Skull" – que era o crânio de cristal Mitchell-Hedges. Em 1936, esse crânio estava aos cuidados de Sydney Burney, negociante de artes de Londres. Na verdade, não há evidências comprovadas de que esse crânio tenha pertencido a F.A. Mitchell-Hedges antes de 1944. Vários cientistas, incluindo o dr. G.M. Morant, antropólogo renomado; Adrian Digby, que mais tarde se tornaria curador do Departamento de Etnologia do Museu Britânico; e H.J. Braunhotz, da equipe do Museu Britânico, estavam envolvidos no estudo. Os resultados foram interessantes, tanto para aquela época quanto para hoje. Os cientistas concordaram que não havia uma forma científica confiável de datar cristal esculpido – problema que permanece até hoje. Todos concordaram, na época, que não havia evidências do uso de ferramentas modernas em nenhum dos crânios. Tais conclusões têm sido desafiadas, o que nós discutiremos mais tarde. Uma vez que ambos os crânios pareciam tão similares a todos os pesquisadores, eles determinaram que o crânio do Museu Britânico era uma cópia tardia do mais elaborado e habilmente esculpido crânio de Burney.

Os laboratórios da Hewlett-Packard, em Santa Clara, Califórnia, estiveram envolvidos no exame de dois crânios de cristal nos anos de 1970. Ambos os crânios eram o então conhecido crânio de cristal Mitchell-Hedges e o crânio de cristal maia. Em 1970, o restaurador de arte Frank Dorland obteve posse temporária do crânio Mitchell-Hedges, e o levou para ser testado pelos engenheiros da Hewlett-Packard. Um dos testes realizados nesse crânio foi sua imersão em um banho de álcool para determinar a polaridade do cristal. Esse teste indicou que o crânio e o maxilar inferior haviam sido esculpidos da mesma peça de quartzo. Também concluíram que fora esculpido em direção oposta ao veio natural de seu eixo de crescimento, o que mostrava que o trabalho não havia sido feito com o uso de ferramentas modernas, uma vez que os cristais se estilhaçariam sob a vibração de uma ferramenta automática. O microscópio eletrônico de varredura não revelou evidências de marcas de ferramentas metálicas ou do uso de rodas abrasivas para entalhar os dentes.

Os mesmos testes foram feitos com o crânio de cristal maia, sob direção de John Zamora, por engenheiros da Hewlett-Packard em 1979. Os resultados foram os mesmos; o crânio foi esculpido sem que se seguisse o veio natural do eixo do cristal, e não havia evidências de marcas de ferramentas de metal ou de rodas abrasivas para o entalhe. Os cientistas da Hewlett-Packard chegaram às mesmas conclusões quanto a ambos os crânios: não tinham ideia de como ou quando os cristais haviam sido esculpidos em formato de crânios, e, para os cientistas, nenhum dos crânios deveria existir! Alguns livros e sites afirmam que a Hewlett-Packard também examinou o crânio de cristal ametista, mas Nick Nocerino disse-me, em 2001, que, quando questionada, a Hewlett-Packard afirmou não ter registros de alguma vez ter trabalhado com esse crânio.

Nos três meses em que Nick Nocerino e sua organização tiveram em mãos o crânio de cristal maia, realizaram vários testes em diversas sessões (ver figuras 1 e 2). Nick foi ajudado por 33 de seus alunos, pessoalmente treinados em *scrying* e psicometria, no trabalho com esse crânio. Eles empregaram luzes coloridas, *lasers* e uma variedade de técnicas de áudio para interagir com o crânio. Questionários detalhados foram preenchidos por todos os que haviam participado dos testes. Alguns dos resultados mostraram que mais da metade dos entrevistados afirmou ter escutado sons de selva, visto cenas de antigas cerimônias maias e testemunhado eventos do passado, como catástrofes globais e mudanças drásticas na Terra. Determinou-se que luz, cores e sons eram meios excelentes para se ativar e utilizar crânios de cristal.

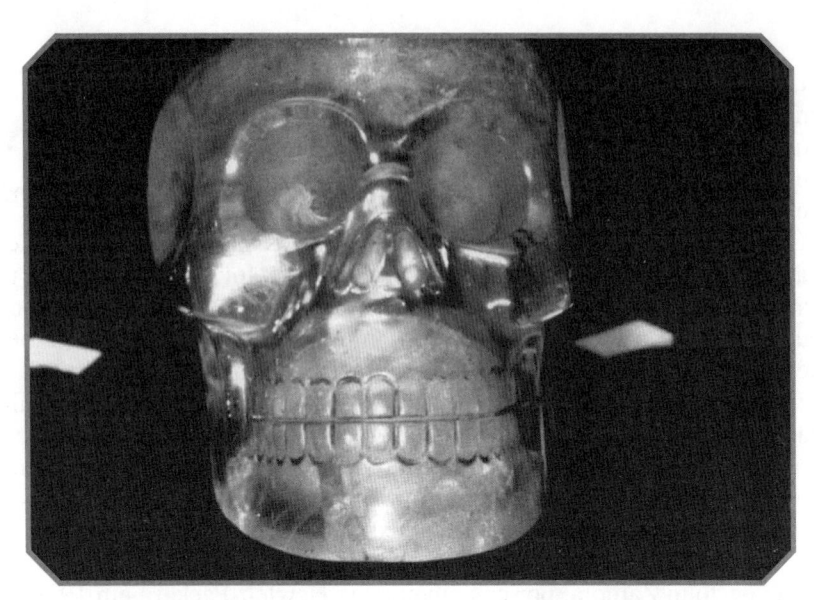

Figura 1 – Crânio de cristal maia. Sociedade Internacional dos Crânios de Cristal. Foto de Susan Emigh. 1980.

Durante dois dias inteiros, pude coordenar a pesquisa feita no crânio de cristal maia no Laboratório Rose-Croix, no Rosicrucian Park, em San Jose, Califórnia, em 1980. Como mencionamos anteriormente, o primeiro dia integral de testes ocorreu em 4 de janeiro de 1980, e contou com a presença do dr. Marcel Vogel e de Michael Campbell. O dr. Vogel, que havia previamente trabalhado com o crânio de cristal Mitchell-Hedges e com o crânio de cristal do Museu Britânico, declarou que todos os crânios de cristal agiam como computadores arcaicos que armazenavam informação. Ele afirmou que a informação armazenada no cristal pode ser acessada utilizando-se sons e respiração. Para demonstrar isso, usou diferentes técnicas de respiração profunda e cantou sons de vogal para "entrar no crânio", como ele mesmo disse. Já experimentei essas técnicas, e elas sempre funcionaram para mim. Vogel afirmou que o crânio de cristal maia era também utilizado como "decodificador de idiomas", pois trazia informações coerentes para a mente contornando qualquer idioma em particular que fosse falado. Vogel fazia com que todos os presentes na sessão entoassem vários sons de vogal junto com ele, o que sem dúvida parecia ativar o crânio. Vogel também afirmou que luz e cor eram efetivas na ativação de cristais e de crânios de cristal.

O dr. Marcel Vogel também apresentou para nós duas interessantes teorias, a primeira relativa à forma como os cristais eram manufaturados. Vogel mencionou o processo chamado "Fratura Concoidal". O cristal sofre fraturas durante sua formação, e então estas se fundem sob enorme pressão

e calor, como em um vulcão. Ele afirmou sentir fortemente que o cristal ganhara o formato de crânio por meio de mãos (e não de ferramentas automáticas) com o uso de areia de quartzo ou diamante como "lixa" para o polimento manual. Quanto ao armazenamento de informação, Vogel comentou as teorias das falhas encontradas nos cristais.
Ele explicou o que denominara "The Lattice Defect Theory". Cristais em geral, e particularmente os cristais de quartzo, podem estar sujeitos a dois tipos de falhas: os defeitos pontuais e as vacâncias. Vogel discutiu os de-

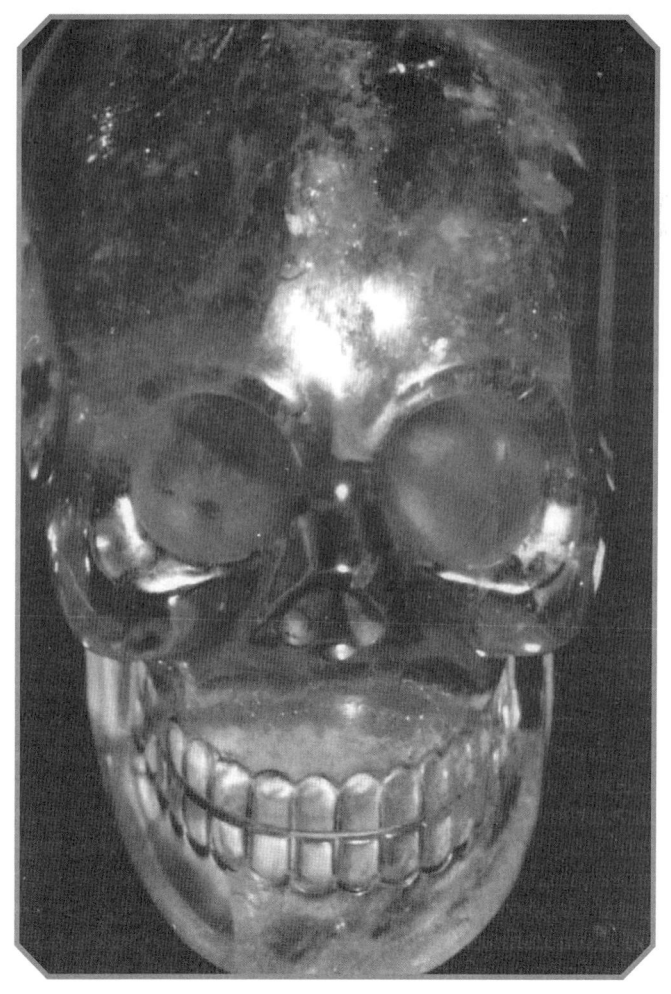

Figura 2 – Crânio de cristal maia. Sociedade Internacional dos Crânios de Cristal. Foto de Susan Emigh. 1980.

feitos pontuais, para nossos propósitos. Cristal de quartzo é quimicamente classificado como dióxido de silicone – um átomo de silicone ligado a dois átomos de oxigênio, arranjados em formato hexagonal (seis lados). Às vezes "falta" o átomo de silicone em uma ligação, e isso é chamado de "defeito pontual". Um pequeno pedaço de cristal de quartzo pode ter centenas, senão milhares, dessas falhas na estrutura do cristal. Vogel disse então que essas falhas, ou intervalos, na estrutura atômica de um cristal podem ser ocupadas por energia pulsada para dentro do cristal. O pensamento humano pode ser essa energia pulsada. Ao expirar para dentro do crânio de cristal, Vogel disse que podemos pulsar pensamentos, ou informação na forma de energia, para dentro do espaço deixado "aberto" pelos defeitos pontuais. Vogel afirmou que um crânio de cristal pode ter milhões, senão mais, desses defeitos, e é assim que a informação foi armazenada nos crânios pelos antigos. Marcel Vogel tinha doutorado em Química, e uma vez que eu tinha conhecimentos de química da época da faculdade, a teoria fazia sentido para mim. Encontrei verificações da Teoria dos Defeitos Pontuais de Vogel em vários livros científicos sobre o assunto, quando fui pesquisar mais sobre cristalografia e a química dos cristais sólidos e líquidos.

A sessão que fizemos na tarde do dia 4 de janeiro de 1980 contava com a presença de Michael Campbell. Ele era bastante experiente em psicometria, e já havia sido testado por vários parapsicólogos em Nova York Michael ficou emocionado durante a sessão com o crânio, pois dizia estar "vendo" várias cenas de destruição e violência de dentro do artefato. Mais tarde, ele afirmou que havia visto muitas cenas de transformações titânicas na Terra, cataclismos acompanhados de mortes em massa, de seres humanos e outros, que haviam ocorrido há muitos milhares, centenas de milhares, ou há milhões de anos, neste planeta. Michael também falou que o crânio continha um elemento extraterreno ou, mais corretamente, um elemento interdimensional. Ele "viu" um tempo muito distante em nosso planeta quando diferentes formas de vida competiam por quem iria povoar este mundo, o que envolvia formas extraterrenas corpóreas e seres interdimensionais não corpóreos. Ele reagia de forma muito emocional – chorava e suspirava durante as cenas de "competição". Ficou profundamente abalado e tocado por essas sessões, e precisou de um longo período para se recompor, subsequentemente. Michael acreditava fortemente que os crânios de cristal haviam sido, e poderiam ainda ser, utilizados para comunicação com outros seres, do passado e do presente.

Em março de 1980, John Zamora trouxe mais uma vez o crânio maia para um dia inteiro de testes. Naquele dia organizei sessões de psicometria com vários membros da Rosa-cruz nos quais o Departamento de Pesquisa detectara previamente uma sensitividade incomum. Dentre eles estavam artistas, cristalógrafos, cientistas, místicos e especialistas na lapidação de pedras. Gravei essas sessões e pedi que os participantes preenchessem questionários ao final. Um cientista rosa-cruz que participou das sessões

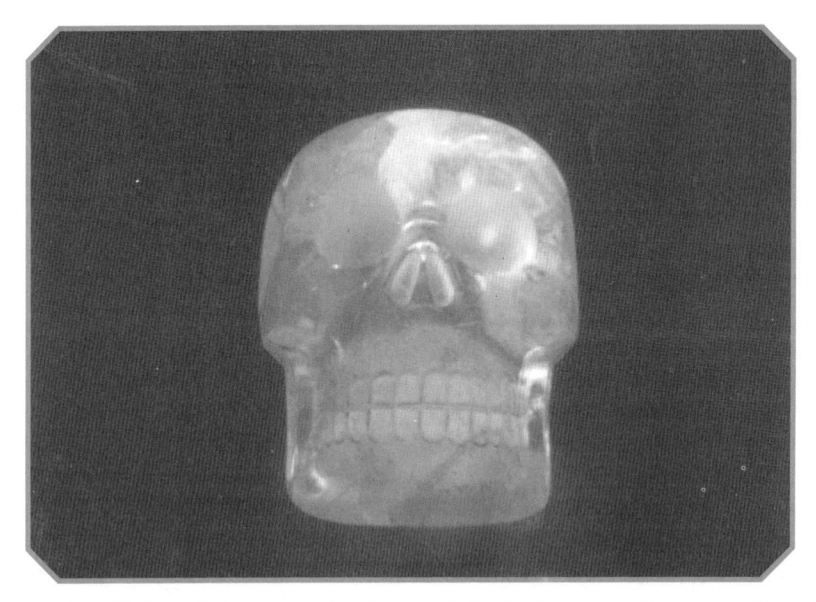

Figura 3 – Crânio de cristal maia. Laboratório de Pesquisas Rosacruz. Foto de Jerry Chapman. 1980.

trouxe um aparelho conhecido como Monochrometer, que projeta cores puras do espectro sobre qualquer outro objeto. Passamos algum tempo projetando diferentes cores do crânio maia, com resultados interessantes (ver figuras 3 e 4). As cores projetadas no crânio que geraram as reações mais positivas de nossa parte eram: roxo, roxo-azul, azul e verde. Fotografamos muitos desses testes. O crânio de cristal maia parecia vibrar de forma particularmente forte sob uma variedade de cores entre roxo e azul. Quando projetamos um vermelho forte no crânio, todos reagimos negativa e enfaticamente, pois ele parecia "raivoso" – todos pedimos que a luz vermelha fosse desligada imediatamente! Também utilizamos um *laser* com esse crânio, e descobrimos que um facho de luz projetado no "terceiro olho" do rosto de cristal refletia as laterais do crânio, como se os princípios da ciência ótica houvessem sido incorporados propositalmente no entalhe do crânio para a obtenção de tais efeitos.

Em resumo: mais de 75% dos respondentes ouviram sons, especialmente de selva; 80% viram cenas da antiguidade maia, olmeca e egípcia, e tiveram preferência por certas cores – particularmente roxo, roxo-azul, azul e verde. Todos sentimos que o crânio "favorecia" essas cores, e 90% dos participantes sentiram uma energia tremenda vinda do objeto, a maioria na forma de um formigamento nas extremidades ou como pulsos elétricos subindo pelos braços e pelo corpo ao tocarem o crânio. Alguns sentiram medo e viram cenas de violência e ritos de sacrifício feitos por culturas indígenas às quais o crânio pertencera. Essas cenas envolviam também a remoção violenta do coração da vítima e sua substituição pelo crânio, que era colocado na cavidade vazia do corpo.

Mais tarde, pude ter o crânio de cristal maia sob meus cuidados, e obtive muitas impressões próprias. Eram em grande parte semelhantes às que eu havia gravado, e senti que muitas perversões haviam sido perpetradas com esse crânio – aparentemente, pelas últimas tribos toltecas que haviam conquistado os maias e praticado sacrifícios rituais com a remoção do coração pulsante de uma vítima e a substituição deste pelo crânio, no espaço vazio. Nick Nocerino mais tarde confirmou que ele e seus estudantes haviam sentido e percebido as mesmas cenas perversas.

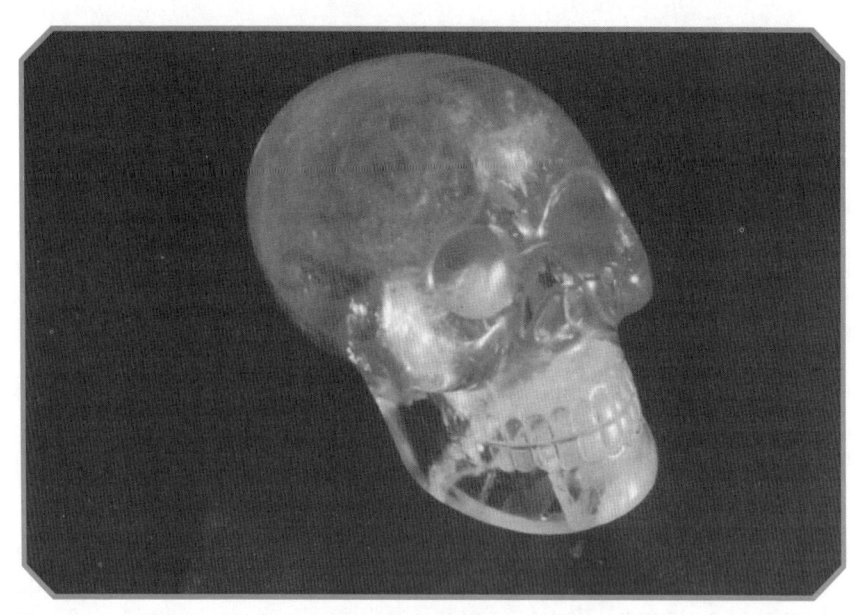

Figura 4 – Crânio de cristal maia. Laboratório de Pesquisas Rosa-cruz. Foto de Jerry Chapman. 1980.

Eu havia saído do emprego na Ordem Rosa-cruz, AMORC, quando tive a oportunidade de observar o crânio de cristal ametista no final de 1982 e início de 1983. Eu não tinha acesso a um laboratório ou equipamento laboratorial, mas na semana em que estive com o crânio, organizei várias sessões de psicometria. Pude fazer sessões com Marcel Vogel e Nick Nocerino. Em fevereiro de 1983, um amigo e eu trouxemos Marcel Vogel

Figura 5 – Stephen Mehler e Nick Nocerino com o crânio de cristal ametista. Foto de Françoise Beaudoin. 1983.

até a casa de John Zamora, em San Jose, Califórnia, onde ele pôde passar algumas horas com o crânio ametista. Vogel falou que o crânio havia sido feito pelo mesmo povo que criara o crânio de cristal maia, mas não necessariamente durante o mesmo período. Ele também afirmou que o crânio era usado como um dispositivo de armazenamento de informação que interagia com a consciência humana. Vogel viu cenas maias no crânio e disse que este havia passado por muitas mãos e civilizações. Em abril de 1983, organizei uma sessão com Nick Nocerino, que veio de sua casa em San Pablo, Califórnia, até a casa de John Zamora, em San Jose. Foi a primeira vez que me encontrei com Nick e pude observá-lo trabalhar com um crânio de cristal (ver figura 5). Nick havia visto muitos crânios de cristal de ametista, mas ficou impressionado com este em particular. Ele também utilizou técnicas de respiração para entrar profundamente na frequência do cristal. Ficou bastante abalado, e mais tarde me disse que havia testemunhado, no crânio, ao menos dois eventos catastróficos em escala global. Ele também ouviu vários sons que sentiu estarem "submersos", e havia visto várias civilizações – algumas submersas, outras em terra (ver figura 6). Nick também me disse, mais tarde, que havia sentido uma "presença" em torno do crânio, possivelmente uma consciência interdimensional utilizando o objeto para interagir com a consciência humana tridimensional. Ele afirmou não sentir que a presença fosse mal-intencionada ou malévola, apenas "curiosa" e interessada nessa interação.

Figura 6 – Nick Nocerino com o crânio de cristal ametista. Foto de Stephen Mehler. 1983.

Em março de 1983, organizei uma reunião com o sacerdote maia Francisco Reyes, o crânio ametista e vários membros da Ordem Rosa-cruz e colegas metafísicos na livraria de minha querida amiga Françoise Beaudoin. A Ram Metaphysical Books era um ponto central de encontro para muitos pesquisadores nos anos de 1980 e 1990 em San Jose, Califórnia, e localizava-se do lado oposto ao do Rosicrucian Park. Pedi a Francisco para nos conduzir a uma meditação com o crânio e mostrar como ele trabalharia com o artefato. Fizemos um semicírculo em torno dele à luz de velas e ele segurou o crânio encostado ao umbigo, com os olhos do artefato virados em nossa direção. Botou então os polegares e os indicadores das mãos no "terceiro olho" do crânio. Meditamos um pouco e, após um intervalo de tempo indeterminado, ouvi uma voz em minha cabeça dizendo: "É suficiente. Está feito!". Abri meus olhos e Francisco estava olhando para mim e assentiu – ele não falava inglês, mas havia se comunicado comigo por meio do crânio! Francisco Reyes demonstrou essa habilidade em várias ocasiões em conversas que tivemos. Eu não falo espanhol, ele não falava inglês, então John Zamora agia como intérprete (ver figura 7). Uma vez eu fazia perguntas a Francisco por intermédio de Zamora, e perguntei a ele, enquanto olhava diretamente em seus olhos, sobre os maias utilizarem crânios de cristal em sacrifícios rituais. Ele respondeu em espanhol, ainda olhando diretamente em meus olhos. John traduziu sua fala da seguinte

Figura 7 – John Zamora e o crânio de cristal ametista. Foto de Françoise Beaudoin. 1983.

maneira: "Ele disse que os mais não faziam sacrifícios com muita frequência". Eu respondi: "Não, John, ele falou que os maias nunca praticaram sacrifícios humanos ou animais!". Zamora levou um susto e disse: "Pensei que você não falava espanhol!". Francisco havia comunicado diretamente para minha mente o que queria dizer – utilizando o crânio para superar a "linguagem" (palavra que, na verdade, significa "trabalho-lingual"!).

Como já dito, na semana em que fiquei com o crânio ametista fiz muitas sessões de psicometria com diversas pessoas: arqueólogos, antropólogos, químicos, geólogos, todos os tipos de artistas, escultores de cristais e pedras e muitos terapeutas. As sessões eram individuais, e registrei todas as reações. Todos sentiram grande energia dentro e em volta do crânio, e por volta de 75% dos participantes viram cenas de culturas antigas, como os maias, olmecas, astecas e até os antigos egípcios. A maioria das pessoas ouviu sons e viu cores, e muitos sentiram uma aura de proteção em torno do crânio. Houve uma sessão particularmente interessante com Clarissa Bernhardt, que havia ganhado fama como "A Mulher dos Terremotos". Em 1983, Clarissa era considerada pelo US Geological Survey [Órgão de Pesquisas Geológicas dos Estados Unidos] como alguém que podia prever terremotos com acuidade. Em sua sessão, ela notou que o crânio ametista era um grande mecanismo de proteção que "defenderia" seu dono. Essa impressão reforçou enormemente minhas impressões de que a ametista, em geral, e esse crânio em particular, é uma pedra altamente defensora. Há outro fator interessante da sessão com Clarissa. Seu companheiro a havia acompanhado até lá, na época. Ele havia claramente "enchido a cara" na noite anterior, e sofria de uma terrível ressaca com dor de cabeça. Após manusear o crânio de cristal ametista por alguns minutos, ele afirmou que sua ressaca e a dor de cabeça haviam sumido completamente! Subsequentemente descobri que a palavra grega *amethystos*, de onde vem o latim *amethystus* e, portanto, o inglês *amethyst* [no português: ametista], significa "sem embriaguez" – a pedra fora utilizada na Antiguidade greco-romana como solução para ressacas pelo consumo excessivo de álcool.

Pude registrar todas as sessões de psicometria com o crânio de ametista. Todos os participantes reportaram sentimentos de alegria e paz advindos do crânio, e nenhum falou em violência, medo e sacrifícios ritualísticos, que eram associados ao crânio de cristal maia. Também senti que o crânio ametista não havia sido utilizado pelos toltecas em sacrifícios. Como a ametista é minha pedra favorita, de fato vibrei pessoalmente para esse crânio e percebi que, durante a semana em que estive com o artefato, dormi e comi muito pouco, mas tive uma energia tremenda por todo o tempo. Eu só conseguia ir dormir se "desligasse a força" do crânio, enrolando-o em seda e colocando-o em sua caixa, deixando-o "ir dormir". A semana que passei com o crânio de cristal ametista foi uma das mais profundas experiências pelas quais eu já passara (ver figuras 8 e 9). Foi para mim a confirmação de que eu estava no caminho que havia escolhido, pois havia sido levado até as áreas de ciências, metafísica e misticismo – uma autoafirmação! Também passei a ver cenas de antigas civilizações em minha mente quando trabalhava sozinho com o crânio, em especial cenas de uma civilização egípcia muito antiga – imagens nunca antes mencionadas nos livros sobre o Egito que eu já havia lido. Isso me conduziu a explorações mais aprofundadas de meu enorme interesse na antiga civilização egípcia. Acabei viajando para o Egito em 1992, onde encontrei um mestre na tradição oral desse país, com quem comecei a trabalhar. Algumas das cenas vistas no crânio de cristal

Figura 8 – Stephen Mehler e o crânio de cristal ametista. Foto de Françoise Beaudoin. 1983.

ametista em 1983, tais como o Planalto de Gizé coberto por rica vegetação, com abundantes níveis de precipitação de chuva, e a Esfinge e as Pirâmides de Gizé sendo construídas em tempos pré-históricos, estão presentes nos dois livros que escrevi depois sobre o Egito antigo, em 2001 e 2005.

Como observamos anteriormente, em 1985, Nick Nocerino levou sua equipe de pesquisas até o Canadá para estudar com mais detalhes o crânio

Figura 9 – Stephen Mehler e o crânio de cristal ametista. Foto de Françoise Beaudoin. 1983.

Mitchell-Hedges. Ele reportou ter recebido uma energia tremenda do artefato, e a "aura" que mediu em volta do crânio atingia um raio que ia bem além da casa de Anna Mitchell-Hedges. O grupo viu muitas cenas por meio da psicometria e de *scrying* (ver figura 10). Em 1998, pude estudar esse crânio por um breve período em Scottsdale, Arizona. Observei nele várias cenas da civilização maia e cerimônias conduzidas ao seu redor. Senti, em 1988, que esse crânio era antigo. Desde então minha opinião sobre isso mudou, e a de Nick Nocerino também.

    Em 1996, o Museu Britânico e a Rede BBC de televisão filmaram um especial sobre crânios de cristal. Trouxeram, para ser testados com equipamento moderno, o crânio do Museu Britânico, Max, o crânio de cristal do Texas, um enorme crânio oco do Instituto Smithsonian, o crânio alemão de entalhe moderno, um outro crânio de cristal asteca conhecido e Sha-Na-Ra, o crânio de cristal Nocerino. O Museu também pediu a Anna que trouxesse seu crânio para ser testado, mas ela recusou dizendo que o crânio já havia sido testado o suficiente! Esse estudo será discutido em detalhes no capítulo sobre Max, mas menciono aqui que as conclusões da BBC eram de que seu próprio crânio era de entalhe moderno, ou seja: o oposto do que haviam concluído no estudo de 1936. Deve-se dizer que tal estudo foi feito sem ajuda de uma varredura por microscópio eletrônico. Na verdade, o Museu Britânico afirmou que a maioria dos crânios que haviam testado era moderna, mas, quanto a Max e Sha-Na-Ra, não foi anunciada nenhuma conclusão para os testes – o Museu estava "sem comentários" quanto a esses dois crânios.

As poucas horas que passei com Sha-Na-Ra em 2001 trouxeram-me resultados bastante interessantes. O cristal de que era feito me parecia muito antigo, e havia depósitos de ferro e brita ainda embutidos no crânio, o que parecia indicar que estivera enterrado por um longo tempo. Percebi que a fisionomia da cabeça lembrava uma classe de hominídeos primitivos conhecidos como *Homo erectus*, espécie que ainda existia cerca de 500 mil a 1 milhão de anos atrás. Antropólogos classificam o *Homo erectus* como a forma que deu origem à nossa espécie, *Homo sapiens*. No atual estágio da minha vida, não apoio a teoria de Darwin sobre a evolução linear, especialmente quanto à denominada "macroevolução", ou seja: uma espécie diretamente mudando e evoluindo para uma outra espécie completamente nova ao longo do tempo. Prefiro classificar o *Homo erectus* como uma das primeiras espécies de hominídeos que foi se extinguindo e pode ter co-

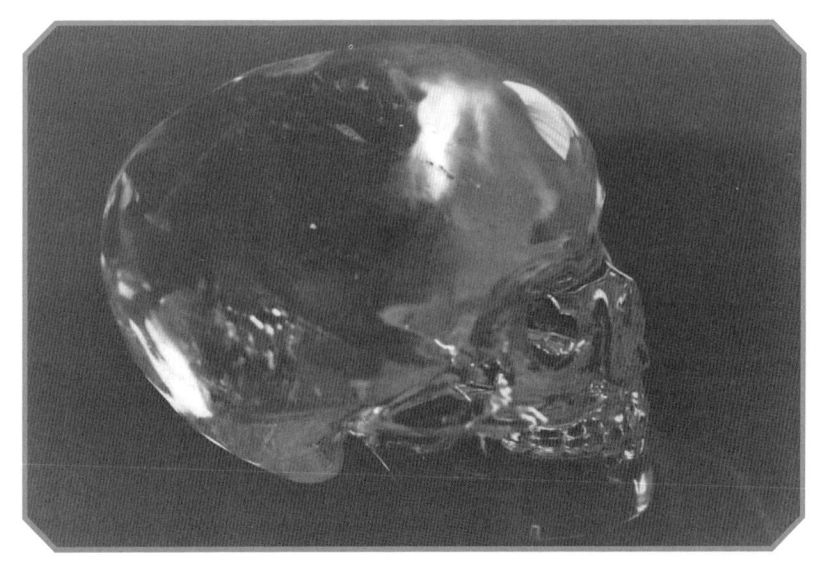

Figura 10 – Crânio de cristal Mitchell-Hedges. Foto de Nick Nocerino. 1985.

existido junto ao *Homo sapiens*, mas que não deu origem ao homem moderno. Junto com a evolução no próprio campo da Antropologia Física nos últimos 50 anos, têm sido encontrados os crânios *Homo sapiens* datados em 100 mil anos, além de pegadas de possíveis *Homo sapiens* em camadas de rocha vulcânica com mais de 3 milhões de anos. O espantoso nisso tudo é que, quem quer que tenha esculpido Sha-Na-Ra, essa pessoa sabia dessas criaturas pré-históricas, e modelou o crânio de forma que se parecesse com o de uma espécie há muito extinta de hominídeos. Pode-se acreditar que esse crânio seja, portanto, moderno, uma vez que a ciência descobriu o *Homo erectus* há apenas 150 anos. Mas análises do artefato desmentem tal raciocínio. Os pesquisadores britânicos não fizeram comentários sobre os testes que conduziram, mas eu tenho muito a dizer. Sha-Na-Ra foi esculpido de forma irregular, assim como o polimento e os dentes também são irregulares, e tudo leva a concluir que o crânio não foi feito com ferramentas automáticas modernas ou com rodas de polir (ver figura 11). Quanto a Max, um dos lados da face não é simétrico ao outro, tal como um crânio "real", e não feito à máquina, e sim à mão. Vi muitas cenas de eras remotas em Sha-Na-Ra, e também senti fortemente que o crânio armazenava coisas, como muitos dos outros crânios, e foi esculpido por um mestre artista e xamã. Saí de minha sessão com Sha-Na-Ra com a forte impressão de que era um artefato genuinamente antigo, transformado em crânio há bem mais de 10 mil anos. Também testemunhei Max e Sha-Na-Ra postos lado a lado, e parecia que "conheciam" um ao outro, trocando energias e pulsos elétricos, e querendo trabalhar juntos (ver Figura 12).

Os crânios de cristal mencionados neste capítulo que eu testei, ou que Nick viu e testou, são os únicos que sei terem sido submetidos a testes parapsicológicos e científicos rigorosos. São os únicos que eu classificaria como antigos. Entretanto, permanece a possibilidade de que haja muitos mais desses pelo mundo que ainda não pude ver ou testar.

Figura 11 – Sha-Na-Ra, o crânio de cristal Nocerino. Foto de Nick Nocerino. 2000.

Figura 12 – Max e Sha-Na-Ra. Foto de Eric Luckey. 2006.

Capítulo 8

Max, o crânio de cristal do Texas

A espécie humana não acordará até aprendermos a unir nossas verdades em busca de paz e amor. Tudo começa por dentro.
— Max, por intermédio de JoAnn Parks

Por volta do início de 1987, várias pessoas que haviam se envolvido com pesquisas com crânios de cristal informaram-me que outro crânio havia emergido – isso de acordo com o burburinho. A princípio, referiam-se ao crânio como "o crânio de cristal do Texas", uma vez que pertencia a JoAnn e Carls Parks, de Houston, Texas. Hoje, o crânio é conhecido como "Max", como "ele" mesmo apresentou-se a JoAnn, e sua dona viaja com esse artefato único pelos Estados Unidos e por outros países.

JoAnn Parks é uma mulher impressionante, e a própria história de sua vida e de suas aventuras com Max um dia darão um livro inteiro ou documentário. No últimos vinte e poucos anos em que JoAnn vem viajado e apresentado Max ao público em geral, ele virou o crânio antigo de cristal mais visto, estudado e interativo de todos (ver figura 1).

Como a própria JoAnn conta, no final dos anos de 1960 e início da década de1970 ela era "apenas" uma dona de casa que seguia moderadamente a religião protestante, além de ser mãe e viver com o marido Carl e os filhos no subúrbio de Houston, Texas. Carl Parks, um humilde e modesto veterano da Guerra do Vietnã, tinha uma oficina de reparo e acabamento de móveis, e ambos viviam o estilo de vida americano "comum". Entretanto, sua filha de 12 anos, Diana Lynn, foi diagnosticada em 1972 com um severo tipo de câncer nos ossos. Tendo esgotado todas as soluções médicas que conheciam, os doutores disseram aos Parks que sua filha provavelmente nunca iria se recuperar – na verdade, disseram que tinha de três a seis meses

Figura 1 – JoAnn Parks e Max. Boulder, Colorado. Foto de Joseph Swanson. 1997.

de vida, tal era a severidade do câncer. Nessa época, Carl Parks havia feito alguns reparos de móveis para uma fundação de Houston chamada Chakpori Ling Foundation. Era dirigida por monges do Budismo Tibetano praticantes das técnicas de cura tibetanas. Carl contou a JoAnn sobre a fundação e, no início de 1973, ela foi encontrar-se com o fundador e líder do grupo, um homem chamado Norbu Chen.

Quando JoAnn Parks viu Max pela primeira vez, em 1973, ele estava sobre um altar na fundação, onde era parte do trabalho de cura dos monges. Mesmo sem entender as práticas dos monges, JoAnn sentiu-se ligada a eles e a Norbu Chen, que era americano. Ela descobriu que Norbu Chen havia sido o primeiro americano a ser admitido na seita Red Hat e também o primeiro a ser admitido nos mosteiros budistas Red Hat no Tibete. Era conhecido como o primeiro americano a ser ordenado monge na seita Red Hat. Havendo tentado todas as possibilidades da alopatia para ajudar sua filha, JoAnn estava disposta a tentar uma terapia alternativa, estimulada por Norbu. Ela convenceu Carl a trazer a filha até a fundação e deixar que Norbu e os outros monges "trabalhassem" em sua cura com Max e todas as modalidades antigas de cura tibetana que conheciam. Como resultado, mesmo com os médicos ocidentais tendo afirmado que ela viveria apenas alguns meses, a menina pôde sobreviver por três anos graças a Norbu Chen, os monges tibetanos e Max. Ao fim do período, teve uma morte tranquila. Durante o processo, JoAnn ia até a fundação todos os dias, e tornou-se amiga dos monges e de Norbu Chen. Carl Parks continuou a reparar móveis para a fundação, e Norbu lhe era tão grato que considerava que os monges estavam em débito com os Parks. Antes de morrer, em junho de 1977, Norbu Chen deu a eles o crânio de cristal, aparentemente por causa de todo o trabalho que Carl havia prestado à fundação. Entretanto, havia mais coisas por trás de sua decisão. Hoje sabemos com certeza que Max instruiu Norbu a entregar-lhe à sua próxima mantenedora, JoAnn. Quando Norbu informou ao casal que deixaria Max com eles, disse a JoAnn: "Você ainda não sabe o que é nem o que fazer com isso, mas um dia saberá!". Os Parks tornaram-se donos de Max ao final de 1977.

Norbu Chen havia contado a JoAnn Parks uma breve história de sua vida e de como havia conseguido o crânio, contudo muito mais foi descoberto sobre ele nos anos que se seguiram. Norbu Chen (nome que obviamente não era o de batismo) era um homem interessante e complexo cuja história de vida daria um roteiro de George Lucas. Grande parte da história é ainda secreta, mas está claro que Norbu tinha vários contatos em altos escalões do governo, e que havia se envolvido em uma série de operações clandestinas nos anos de 1940 e 1950. Ele viajou ao Tibete para escapar de seu passado marcado, em uma época em que poucos ocidentais viajavam para lá, e tornou-se um monge budista tibetano Red Hat. Passou por vários testes e provas para se ordenar e tornou-se entendido nas práticas e técnicas tibetanas antigas de cura. Norbu deixou o Tibete e viajou por inúmeros países, participando de muitas curas sempre que podia. Nos anos de 1960 esteve na Guatemala trabalhando com sacerdotes maias, xamãs e suas famílias. Havia curado crianças maias; em troca, um alto sacerdote e xamã deu-lhe o crânio de cristal para que utilizasse em seu futuro trabalho de cura – os próprios sacerdotes maias haviam usado o crânio com esse propósito. E esse crânio era Max. Os maias disseram que Max havia sido encontrado em uma tumba na Guatemala, perto de Honduras, em 1924; fora guardado pelas famílias e profundamente venerado por elas. Era extraordinário que resolvessem dar o crânio a alguém, mas o trabalho de cura de Norbu havia impulsionado essa ação. Norbu mudou-se para Houston com outros monges Red Hat e fundou a Chakpori Ling Foundation no final dos anos de 1960.

Então, em 1977, JoAnn e Carl Parks herdaram esse crânio grande de cristal sem terem a mínima ideia do que fazer com o objeto. Imediatamente colocaram o crânio em uma caixa que ficou em cima de uma estante, dentro de um armário, por muitos anos – e basicamente tentaram esquecer que ele existia. Mas o artefato teimava em não ficar quieto e, conforme os anos passavam, começou a "falar" com JoAnn. No início ela começou a duvidar de sua sanidade e achou que sua imaginação estava pregando peças quando "ouvia" o crânio falar com ela. JoAnn continuou ouvindo o crânio de cristal dizer-lhe que era importante e que tinha um grande obra a realizar, e ela deveria encontrar o "homem" que lhe falaria sobre a natureza do crânio e como deveria ser empregado. Ela se referia ao crânio como "a pedra falante" e ignorou o que escutava. Por fim, em 1987, após dez anos com o crânio dentro do armário, ela viu um especial da TV local sobre um crânio de cristal. Ela ligou para a emissora e falou de seu crânio de cristal. Em princípio não a levaram a sério, mas algumas pessoas da emissora acabaram indo até sua casa para ver Max. Disseram a ela para levar o crânio a um museu em Houston para que fosse analisado por profissionais.

Os funcionários do museu ficaram impressionados com o que viram, pois era a primeira vez que viam algo parecido com Max. Entretanto, não foram capazes de dar a JoAnn qualquer informação adicional. O museu queria pôr o crânio em exibição, mas ela se recusou, uma vez que eles realmente não sabiam muito sobre crânios de cristal. Ela levou o artefato para casa, tirou-o da caixa, deu-lhe um tapinha amigável na cabeça e disse: "Bem, crânio, um desses dias eu vou encontrar o 'homem'". Ela conta que o ouviu falar de forma clara em sua mente: "Já que tocou no assunto, meu nome não é 'crânio', e sim Max!". JoAnn pensou, assim mesmo, que havia perdido a sanidade. Por fim, ligou mais uma vez para a emissora de TV, e foi informada de que havia um homem no Norte da Califórnia a quem haviam entrevistado. Essa pessoa parecia saber muito sobre o assunto e, então, lhe passaram o contato: era Nick Nocerino!

JoAnn telefonou para Nick e, após seu ceticismo inicial, ele pediu que ela descrevesse o crânio. Ela falou que ele era como uma "pedra com rosto!". Após mais alguns instantes de conversa infrutífera, ela disse que se tratava de um rosto humano em cristal, mas que também tinha um peculiar "chapéu de Bar-mitzvah"; estava, na verdade, descrevendo o topo branco do crânio que para ela lembrava o pequeno chapéu cerimonial dos judeus conhecido como *yarmulke*. Nick ficou quieto e sério; então gritou no telefone: "Você tem o crânio cujo topo é branco?". Ela disse que sim, e Nick informou: "Eu sei o que você tem; venho procurando esse crânio de cristal desde 1949!". Ele pegou então o endereço de JoAnn e prometeu ir visitá-la. Após desligar o telefone, ela ouviu Max declarar: "Você achou o homem do qual eu lhe falei e finalmente vou poder sair dessa caixa!".

Nick foi para Houston pouco tempo depois. Lá examinou e testou Max e afirmou que ele era um crânio de cristal genuinamente antigo. Isso criou uma amizade próxima e uma parceria entre Nick Nocerino e Carl e JoAnn Parks que durou até a morte de Nocerino, em 2004 (na verdade, dura até hoje). Nick contou-me mais tarde que havia tentado achar Max desde os anos 1950 e sabia que o crânio passara para Norbu nos anos 1960. Nick havia escrito para Norbu Chen para perguntar sobre o crânio, mas nunca recebeu uma resposta. O "destino" (ou Max) quis que Nick encontrasse o crânio apenas quando estivesse sob posse dos Parks, de forma que surgisse essa grande amizade e colaboração entre eles.

Nick começou a instruir JoAnn sobre cristais e crânios de cristal, e passaram a levar Max a reuniões e conferências em 1988. Como mencionei antes, passei pela experiência de ver Max na Whole Life Expo, em São Francisco, Califórnia, em 29 de abril de 1989 (ver figura 2). Nick apresentou-me aos Parks (uma das coisas pelas quais lhe serei eternamente grato) e eles permitiram que eu passasse mais tempo com Max do que qualquer outra pessoa. Minhas primeiras impressões sobre Max foram significativas: como eu já havia visto e trabalhado com o crânio de cristal maia, o crânio de cristal ametista e o crânio de cristal Mitchell-Hedges, percebi na hora que Max era único dentre eles. Muito maior que os outros, pesava 8,3 quilos, e estava claro que Max não havia sido feito de um único pedaço de cristal, assim como os outros. Parecia haver vários tipos de cristal de quartzo que haviam se fundido quando da formação da "peça mãe" a partir da qual ele havia sido esculpido. Hoje sabemos que Max tem cinco divisões distintas e duas matrizes que se fundiram há muitos séculos sob temperatura e pressão tremendas, e que a peça mãe foi escolhida por causa de sua formação incomum e poderosa. Max era de um quartzo em grande parte fumado quando o vi pela primeira vez – mas nos últimos 19 anos alguns pontos ficaram transparentes. Tanto o próprio cristal quanto seu entalhe eram inegavelmente antigos, para mim. Mas Max foi gentil, e não transmitiu aquela enorme quantidade de energia que

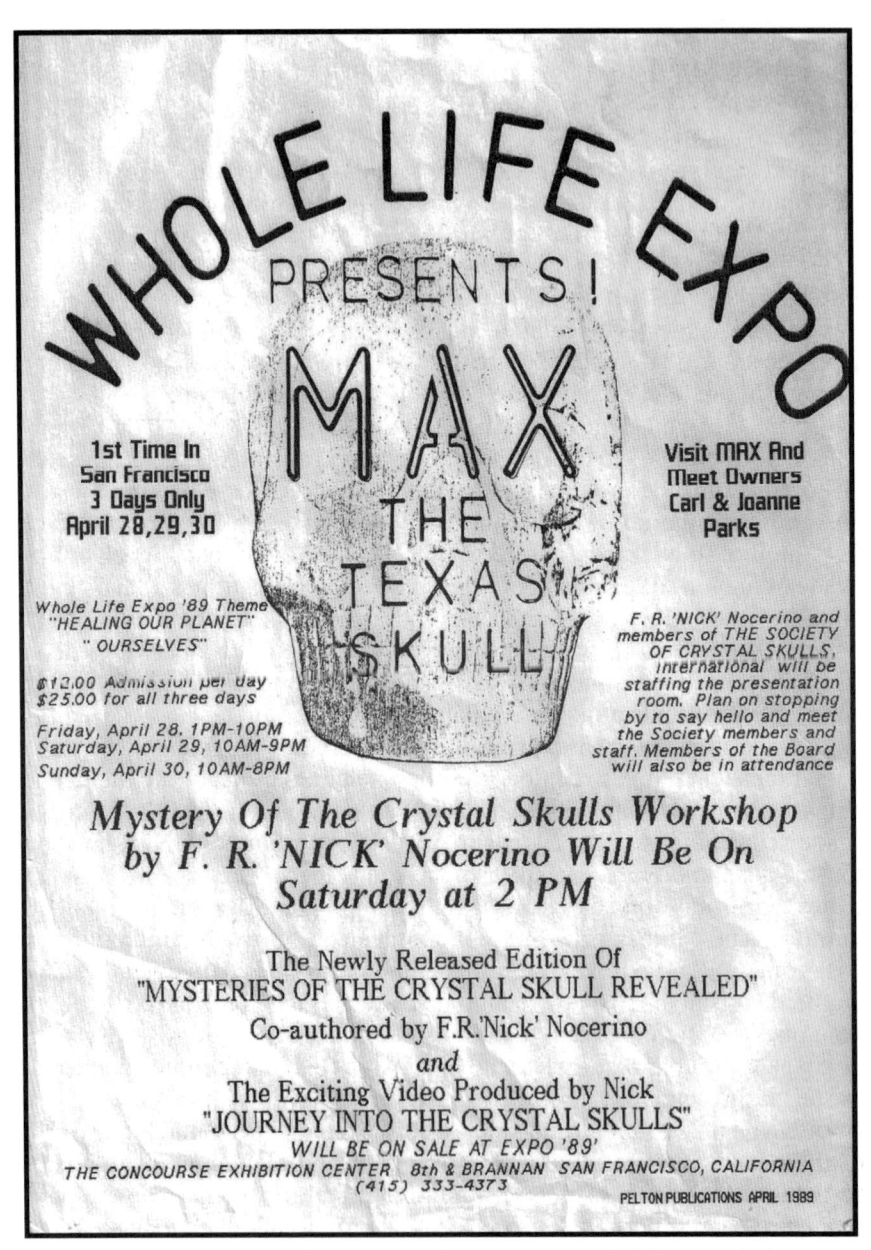

Figura 2 – Folheto do Whole Life Expo, São Francisco, Califórnia. 1989.

eu havia sentido com os crânios de cristal maia e Mitchell-Hedges. Senti suavidade e carinho vindos de Max, acompanhados de um distinto senso de humor. Senti de forma intensa que Max havia sido muito sagrado e utilizado em cerimônias e curas pelos primeiros maias, e que não fora usado em sacrifícios humanos ou animais nem sido pervertido pelos sacerdotes toltecas de época mais tardia.

Quando JoAnn apresentou-me a Max pela primeira vez, tudo o que ela disse foi: "Aqui está a pedra! Divirta-se!". Hoje, quase 19 anos depois, JoAnn fica horas palestrando sobre Max em suas apresentações pelos Estados Unidos. Como ela diz, Nick lhe ensinou muito sobre cristais e crânios de cristal, mas grande parte da informação que obteve foi canalizada para ela do próprio Max. Como muitos mestres, professores e tradições metafísicas diversas me ensinaram, não existem coincidências ou milagres: era o destino de JoAnn Parks ter Max e tornar-se uma grande professora ela mesma. Ela faz apresentações com Max quase todos os fins de semana durante o ano, exceto no verão. São experiências inspiradoras e profundamente emocionantes para todos os presentes.

Em fevereiro de 2008, JoAnn e eu fomos entrevistados pela NBC para um especial do canal Sci-Fi [canal de ficção científica] sobre crânios

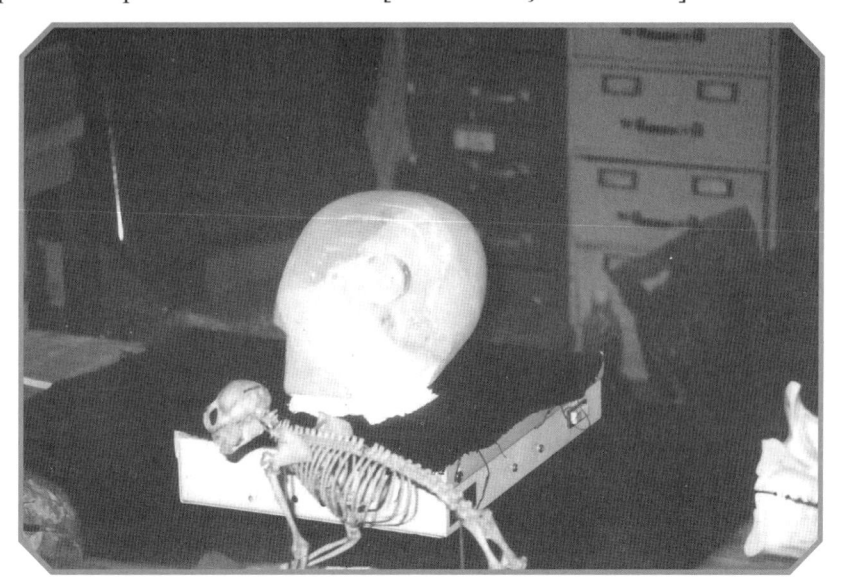

Figura 3 – Max, o crânio de cristal do Texas. Departamento de Arqueologia do Brooklyn College, Nova York. Especial do canal NBC Sci-Fi. Foto de Stephen Mehler. 2008.

de cristal (ver figura 3). Em um encontro de sábado à noite no Meta Center na parte baixa de Manhattan, a NBC também filmou nossa cerimônia com Max, conduzida pela artista visionária e terapeuta Jodi Serota (ver figura 4). Havia mais de cem participantes e a NBC pôde gravar muitas das experiências profundas que várias daquelas pessoas haviam tido.

Desde 1987, mas principalmente a partir de 1995, Max tem sido o crânio de cristal mais estudado, testado e utilizado em cerimônias e rituais. Ele foi visto e examinado por arqueólogos, antropólogos, engenheiros, geólogos, cristalógrafos, joalheiros especialistas em pedras e cristais, químicos, físicos, especialistas em lapidação, músicos, médicos, quiropratas e terapeutas das mais diferentes modalidades, historiadores, curadores de museus e artistas de todos os tipos. Todos ficaram impressionados com Max, e nenhum conseguiu estabelecer com exatidão a idade do crânio ou quando ele foi feito. Como falei, Max alterou-se nos últimos 19 anos em que o tenho examinado. O lado esquerdo da face (olhando de frente é o lado direito) foi clareado enormemente ao longo dos anos por causa das várias interações que ele teve com as pessoas. Esse mesmo lado não é simétrico ao outro. O osso da bochecha é maior e a órbita do olho é mais funda do lado esquerdo. Isso é mais "natural", uma vez que crânios humanos não são simétricos; também prova que Max foi feito à mão, e não com máquinas (ver figura 5).

Em 2006, Max foi visto e examinado pelo geólogo e cientista natural da Universidade de Boston dr. Robert M. Schoch, conhecido por seu trabalho em re-datar a Esfinge de Gizé, no Egito, em conjunto com o egipólogo alternativo John Antony West. Schoch foi quem identificou o fato de que Max era feito de cinco peças de cristal de quartzo fundidas sob temperatura e pressão tremendas, provavelmente no interior de um vulcão, milhões de anos atrás. Essa descoberta indicou ao dr. Schoch que Max não poderia ter tomado forma e sido esculpido por nenhuma ferramenta automática conhecida, uma vez que as poderosas vibrações teriam despedaçado o cristal, separando as cinco partes – Max deve ter sido feito à mão, mas Schoch não arriscaria um palpite sobre como isso teria sido feito! Ele também mostrou a JoAnn as duas diferentes matrizes no crânio – a matriz é a "semente", de onde o cristal começa a crescer em sua infância. Mais uma vez, isso torna Max único dentre os crânios de cristal conhecidos, uma vez que nos foi constatada apenas uma matriz de uma só fonte cristalina.

Muitos relataram ter percebido uma influência extraterrena dentro ou em torno de Max e dos outros crânios de cristal ao longo dos anos. Desses relatos, a esmagadora maioria afirmou alguma conexão entre Max e o sistema estelar das Plêiades. Muitos sentiram que os cristais originais a partir dos quais Max foi feito vieram das Plêiades há muito, muito tempo. É também interessante notar que vários sábios maias diziam em sua mitologia que o povo maia original veio desse sistema estelar. Parece lógico, sob essa

Figura 4 – Jodi Serota com Max. Meta Center, Nova York. Especial do canal NBC Sci-Fi. Foto de Stephen Mehler. 2008.

perspectiva, que Max acabasse sendo usado como objeto
ou artefato de poder pelos antigos maias. A ciência acadêmica não é capaz de verificar ou negar tais asserções ou
conclusões, e frequentemente se mostra insuficiente para
lidar com esse tipo de artefato – uma série de cientistas
acadêmicos está desgraçadamente emperrada em paradigmas limitados sobre os povos e culturas antigos.

Como foi dito no capítulo anterior, tanto Max quanto Sha-Na-Ra, o crânio de cristal de Nick Nocerino, foram levados ao Museu Britânico em 1996 a fim de ser testados e examinados para um especial da BBC. Também foram testados: um crânio de cristal de quartzo grande e oco que pertencia ao Instituto Smithsonian, o crânio de cristal do Museu Britânico, um pequeno crânio de cristal contemporâneo feito na Alemanha, um crânio de cristal em relicário com forma de cruz vindo do México e um pequeno crânio de cristal contemporâneo que pertencia ao Museu Britânico (ver figura 6).

Os testes foram dirigidos por Margaret Sax, especialista em ferramentas do Museu. O Smithsonian era representado por Jane Walsh, antropóloga do Museu Nacional Smithsonian de História Natural, na cidade de

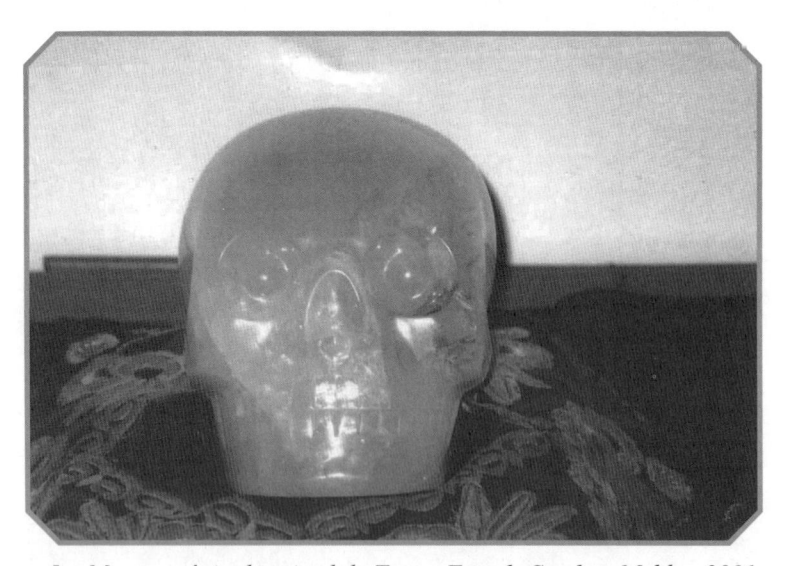

Figura 5 – Max, o crânio de cristal do Texas. Foto de Stephen Mehler. 2001.

Washington, que não realizou seus próprios testes, mas estava ali simplesmente para observar os procedimentos.

A equipe do Museu Britânico realizou vários testes em todos os crânios, incluindo varredura por microscópio eletrônico e moldes nos dentes para tentar achar evidências do uso de ferramentas modernas. Quando os resultados foram divulgados, o Museu Britânico anunciou que seu crânio de cristal era moderno – ao contrário do que haviam afirmado em 1936. Da mesma forma, concluíram que o crânio do Smithsonian e alguns dos outros eram também modernos, entalhados com ferramentas de diamante e equipamento contemporâneo de polimento, o que pôde ser constatado pelo exame dos objetos no microscópio eletrônico. O uso de ferramentas modernas revela-se em alta resolução na forma de linhas retas de polimento e corte, enquanto o mesmo trabalho feito à mão é indicado por linhas de corte irregulares ou desiguais. Mas quando chegou a hora de anunciar os resultados das varreduras de Max e Sha-Na-Ra, fizeram uma declaração incomum, segundo JoAnn Parks: "Sem comentários!". O que essa declaração misteriosa poderia significar? Que não detectaram marcas ou polimento feitos por ferramentas modernas? Que não podiam declarar que esses dois crânios de cristal eram de entalhe contemporâneo – mas que não iriam contrariar os estritos paradigmas acadêmicos segundo os quais nenhuma

Figura 6 – Crânios de cristal testados pelo Museu Britânico para um documentário especial da rede BBC de TV. Da esquerda para a direita: o crânio de cristal do Museu Britânico, cálice asteca de cristal, o crânio de cristal do Smithsonian, crânio de cristal contemporâneo da Alemanha, crânio de cristal em relicário com forma de cruz (asteca), pequeno crânio de cristal contemporâneo e Sha-Na-Ra, o crânio de cristal Nocerino. Foto de JoAnn Parks, 1996.

cultura antiga seria capaz de produzir esses objetos, de forma que não poderiam então afirmar que eram artefatos genuinamente antigos?

Jane Walsh, do Instituto Smithsonian, tem sido grosseiramente desonesta em suas afirmações públicas quanto a esses testes. Em entrevistas à imprensa e no site do Smithsonian em anos recentes, ela declarou: "Descobrimos que todos os crânios de cristal foram feitos com rodas abrasivas revestidas modernas e diamantes industriais, e polidos com maquinário moderno". JoAnn Parks afirmou que Jane Walsh estivera em Londres apenas para observar os testes, mas não fez qualquer exame em Max pessoalmente. Por que Walsh não disse que os próprios cientistas do Museu Britânico não tinham comentários sobre os testes feitos em Max e Sha-Na-Ra? Essa informação está disponível no vídeo do especial da BBC, do qual eu tenho uma cópia! Em uma reportagem de domingo, 20 de novembro de 2005, no jornal *Washington Post*, do redator Peter Carlson, há outra citação de Jane Walsh. O artigo afirma: "Jane MacLaren Walsh, antropóloga do Smithsonian, estudou vários crânios, incluindo *Max* [grifo meu], e concluiu que foram todos feitos a partir de 1850". Walsh então declara: "Foram feitos com equipamento moderno de lapidação. Max é tão contemporâneo quanto o resto".

Primeiramente, Walsh passa a impressão errônea de que estudou e testou Max no Smithsonian. Isso é absolutamente falso, pois Max nunca esteve no Smithsonian e nunca foi pessoalmente examinado e testado por Walsh! Ela jamais afirmou na imprensa ou em declarações públicas que o Museu Britânico havia dito "sem comentários" e que não publicou nenhum resultado provando que tanto Max quanto Sha-Na-Ra eram modernos. O fato é que Jane Walsh não fazia ideia do que estava observando, nem mesmo imaginava o que representava Max, ou a forma como era entalhado. Os exames e conclusões posteriores alcançados por mim, um arqueólogo treinado, ou pelo dr. Robert M. Schoch, um geólogo credenciado, diferem enormemente dos de Jane Walsh, que é obviamente incapaz de superar seus limitados paradigmas acadêmicos sobre culturas e civilizações antigas. Mesmo assim, é sempre citada nos meios de comunicação denunciando os crânios de cristal como fajutos.

Inúmeras pessoas afirmaram ter recebido curas, seja diretamente de Max ou apenas por estarem em sua presença. Várias já afirmaram que suas vidas foram completamente mudadas por Max, e todos classificaram as mudanças como positivas. Eu sou uma dessas pessoas; Max também agiu como casamenteiro ao aproximar minha esposa, Theresa, de mim em 1997, em um encontro com JoAnn Parks em Boulder, Colorado. Max contou-me que nos uniu porque tínhamos um importante trabalho a fazer juntos (ver figura 7). Theresa e eu escrevemos cada um dois livros (este é o meu terceiro) desde que iniciamos o relacionamento, e ambos se ajudaram reciprocamente nesses esforços. Eu não poderia ter escrito meus dois livros sobre o Egito antigo, nem ela teria escrito seus dois romances, sem amor e apoio mútuos e a ajuda de Max. As experiências vividas por nós e outras pessoas que relataram mudanças positivas e curas em suas vidas, tanto direta quanto indiretamente a partir da influência e da energia de Max, são muito mais importantes no cômputo geral do que as declarações cínicas e limitadas de uns poucos acadêmicos.

Em 2006 fizemos uma apresentação no Solstice Institute, em Boulder, Colorado, com JoAnn Parks e Max, além de Jonathan Goldman e sua

Figura 7 – Stephen Mehler com Max. Boulder, Colorado. Foto de Joseph Swanson. 1997.

esposa Andi Goldman (ver figura 8). Jonathan é um músico conhecido internacionalmente, bem como professor e mestre em Musicoterapia. Jonathan fez com que cantássemos e vibrássemos poderosos mantras junto a Max e outros crânios de cristal. Foi um perfeito exemplo da ativação do cristal, e de crânios de cristal em especial, com o uso de sons. A noite foi uma experiência profunda e revigorante para todos os que estiveram presentes no evento.

Enquanto escrevo este livro, JoAnn Parks está sendo coautora de um livro sobre sua história e a vida com Max nos últimos 30 anos. O livro virá em boa hora e será leitura obrigatória para qualquer pessoa interessada em Max ou em crânios de cristal. JoAnn vem apresentando Max ao público por mais de 21 anos, e vai relatar curas importantes que ocorreram na presença de Max. Há alguns anos, Max contou-me que seu "nome" deriva de um termo maia, IMAX (pronúncia "Í-Mésh"). Perguntei a várias pessoas versadas no idioma maia, mas ninguém ainda foi capaz de traduzi-lo propriamente. Acredito que o termo tenha sido utilizado como título por xamãs maias muito antigos, e pode ter mudado de sentido ao longo do tempo. Max também me disse que os falantes de espanhol no México deram-lhe o título de El Viejo, "O Velho", e que o termo maia IMAX era relacionado a idade e sabedoria. Para mim, entretanto, a resposta é que Max estava falando sobre de onde seu nome ou título havia derivado: IMAX, I, Max! [em inglês, "I" significa "eu". Portanto "I, Max" equivaleria a "Eu, Max"].

Figura 8 – Andi e Jonathan Goldman com Max. Solstice Institute, Boulder, Colorado. Foto de Stephen Mehler. 2006.

Capítulo 9

Conclusões

O mais importante não é onde está, mas onde não está.
— Bob Dylan

Passados mais de 28 anos de pesquisas sobre o assunto dos crânios de cristal, sou constantemente lembrado de alguns pensamentos que Nick Nocerino deixou comigo. Ele investiu quase 70 anos de sua vida ativamente interessado nesse assunto, e pôde ter contato, avaliar e pesquisar crânios de cristal por mais de 70 anos. Em 1999, ele me escreveu: "Cuidado com as pessoas que olham qualquer crânio e imediatamente o classificam como antigo. Todo cristal tem energia. Apenas os

Figura 1 – Stephen Mehler e Nick Nocerino. Sedona, Arizona. Foto de Theresa L. Crater. 1998.

entalhes é que são antigos. Cristais são extremamente antigos!". (ver figura 1). Essa afirmação vai ao cerne do problema que nós dois considerávamos importante no sentido arqueológico: como determinar a idade de um crânio de cristal?

Embora tenha havido relatos em anos recentes afirmando a eficácia de novos métodos que foram desenvolvidos para datar a formação de cristais, isso não é ainda universalmente aceito na ciência. E mesmo que fosse, ainda não existe um meio cientificamente concreto para determinar completamente quando é que um cristal foi esculpido em objeto identificável, como um crânio.

A datação por radiocarbono é inútil, uma vez que cristal de quartzo tem base em silício, e não em carbono – que é essencial para esse método. Entretanto, algumas técnicas modernas, como varredura por microscópio eletrônico, podem fornecer imagens mais ampliadas e detalhadas dos métodos de entalhe, sendo úteis para determinar se um objeto foi feito com, ou se houve o uso de, ferramentas automáticas modernas, equipamento para polir. Também podem mostrar indícios de corte moderno com o uso de diamante industrial. Entretanto, mesmo essas técnicas modernas de determinação têm falhas, como iremos comentar.

No final do século XIX, um sistema de classificação arqueológico para datar artefatos foi introduzido por *sir* William Matthew Flinders Petrie, da Grã-Bretanha. Ele deu o nome de "datação por sequência". Era uma tentativa de localizar o objeto em um contexto cultural histórico a partir de seu estilo e forma. Em outras palavras: as cores usadas, os padrões de decoração, os materiais usados, métodos empregados e grau de conhecimento tecnológico. Tudo isso é registrado e anotado, e então o objeto é posto em uma "sequência" ou posição histórica de acordo com os mesmos dados já coletados sobre as culturas e civilizações já conhecidas. Petrie cometeu erros com esse sistema por causa da falta de informações sobre culturas pré-históricas – e não por uma falha do sistema. Com o advento de técnicas modernas como radiocarbono, potássio-argônio e outros métodos baseados no grau de decaimento de isótopos radioativos, a datação por sequência perdeu a preferência e hoje é raramente utilizada.

No entanto, uma vez que a maioria dos crânios de cristal parece ter aparecido pela primeira vez, especialmente na Europa, na segunda metade do século XIX, a datação por sequência era o único método disponível a pesquisadores e cientistas da época. Uma vez que grande parte desses crânios, senão todos, provinha originalmente de tumbas localizadas no México e na América Central, todos os primeiros crânios de cristal que foram encontrados e que mais tarde apareceram na Europa foram classificados como "astecas" por antropólogos e arqueólogos que os examinavam. O conhecimento limitado desses acadêmicos era a falha, e não o sistema de classificação. Para começar, "asteca" era um termo genérico, pois os astecas eram uma confederação de tribos unidas em um império pelas conquistas de uma classe guerreira de povos indígenas mexicanos. Duas das tribos conquistadas por esses guerreiros eram os mixtecas e os zapotecas, que tinham artesãos superiores e tornaram-se parte da confederação asteca. Os mixtecas e zapotecas eram mestres do entalhe em jade e cristal de quartzo, e eram eles que produziam crânios de cristal para a confederação asteca. Mas grande parte dos crânios que faziam era de tamanho pequeno e seu estilo era inconfundível (ver figura 2). Os crânios de cristal grande em tamanho natural que foram classificados como "astecas" não se encaixam nesse estilo nem na sequência relativa a esses pequenos crânios de cristal mixtecas e zapotecas, e acabaram sendo identificados e caracterizados de forma errônea. Meu informante maia, Francisco Reyes, afirmou categoricamente que, de acordo com sua tradição, os maias antigos (ou astecas tardios) não fizeram nenhum dos crânios de cristal grandes. Ele indicou que os crânios haviam sido "presentes dos deuses", possivelmente vindos de alguma civilização pré-histórica ou de fontes extraterrestres.

Chegamos então às técnicas de *scrying*, observação de cristais e psicometria. Utilizadas de forma apropriada e sob condições laboratoriais, tais técnicas podem ser um jeito eficiente de lidar com pontos obscuros da História ou da Pré-história. Mas a chave desses métodos está na frase: "utilizadas de forma apropriada e sob condições laboratoriais", e é sob esse aspecto que as técnicas devem ser compreendidas. Isso nos leva à prática bastante popular da "canalização", que tem sido confundida ou apresentada como *scrying* e psicometria, mas não se trata da mesma coisa. A canalização tornou-se uma faceta popular da chamada "Nova Era", a recente explosão do interesse por coisas metafísicas nos últimos 30 anos ou mais. Nick Nocerino odiava o termo "Nova Era". Ele se perguntava: como é que o interesse recente na sabedoria e nas práticas antigas podia ser chamado de "novo"?

Fazemos uma diferenciação entre psicometria, *scrying* e canalização. A psicometria é feita em laboratório ou em ambiente similar, de forma calma e controlada, com procedimentos distintos. Em geral há um período de sintonização com *scrying*, observação de cristais e psicometria; como já mencionado, a respiração profunda, entoação de sons e cânticos, o uso de luz e cores são todos métodos de sintonização testados e utilizados com sucesso na pesquisa com crânios de cristal. A canalização comumente praticada é obtida sem qualquer sintonização, preparação ou ajustes do ambiente – muitos canalizadores simplesmente começam a apresentar a "informação" de forma espontânea sobre qualquer objeto ou pessoa, supostamente a partir do "espírito", ou de outras fontes físicas ou não. Afirmo constantemente que a canalização, especialmente na ausência de outros meios de corroborar as evidências, deve ser vista com bastante cautela. Se a informação está de acordo com o conhecimento que se tem, então pode ser útil. Do contrário, não se recomenda muita ênfase, pois a confiabilidade da informação é baixa.

Quando a psicometria é utilizada em um ambiente laboratorial, vários sujeitos estão envolvidos e resultados detalhados de questionários podem ser comparados em busca de respostas semelhantes. O que se considera cientificamente importante são resultados com alta porcentagem de relato: várias pessoas relatando eventos, cenas, pessoas, épocas, sons, cores, etc. iguais ou similares. Em geral isso não é feito com pessoas que canalizam informação esotérica. Se informações e dados coletados não podem ser verificados, confirmados, afirmados ou repetidos – o que é o próprio cerne da ciência –, então para que servem, a não ser entretenimento?

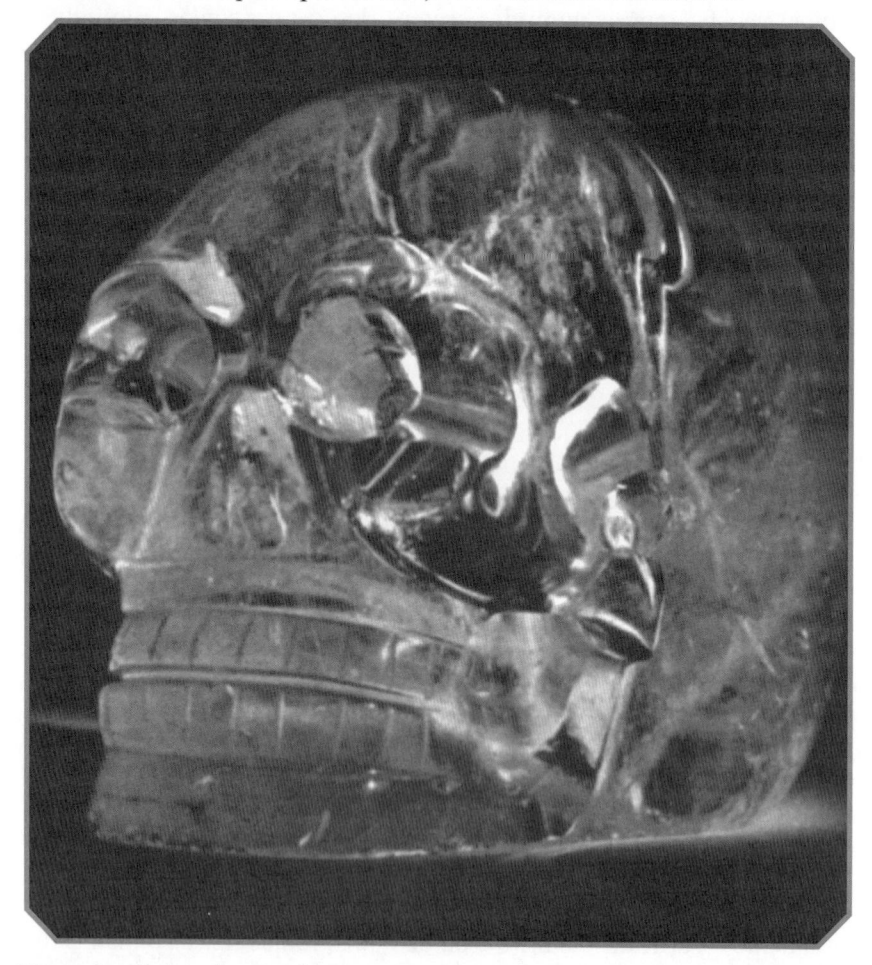

Figura 2 – Crânio de cristal asteca. Musée de L'homme. Paris, França.

É o que observamos hoje no tocante à informação canalizada que alguns dizem receber de crânios de cristal. Há pessoas que canalizam de qualquer jeito, sem qualquer sintonização ou preparação, e que nem precisam estar na presença de um crânio de cristal para fazê-lo. Isso é até possível, mas alguma forma de controle torna a informação "mais limpa". Sem controle ou repetições da experiência, não há forma de dizer se uma pessoa está apenas falando o que vem na cabeça. Por exemplo, já houve histórias que circularam ao longo dos anos, provindas de canalizações, segundo as quais os crânios de cristal são crânios humanos antigos que foram cristalizados por antigas civilizações pelo uso de tecnologias desconhecidas. Essa é a história que tem circulado principalmente quanto ao crânio de cristal Mitchell-Hedges. Foi dito em um livro dos anos de 1980 que um canalizador, alguém que nunca estava na presença de crânios de cristal, afirmou que o crânio de cristal Mitchell-Hedges pertencera a uma sacerdotisa de Atlântida cujo crânio havia sido cristalizado em sua hora, milhares de anos atrás. Ninguém jamais havia relatado isso antes dos anos de 1980, mas hoje, quando a história já se espalhou, outros passaram a concordar com ela! Como seria possível confirmar essa informação? A existência de uma "Atlântida" não pode ao menos ser afirmada além de qualquer dúvida; sem mencionar a tecnologia desconhecida de cristalização capaz de transformar osso em cristal!

Quando me perguntaram sobre essa possibilidade em uma entrevista em 1986, ingenuamente respondi que poderia ser possível, mas eu ainda não havia visto ou feito experimentos com o crânio de cristal Mitchell-Hedges. Após passar algum tempo examinando-o, em 1988, rejeitei firmemente essa informação canalizada. O crânio de cristal Mitchell-Hedges é esculpido de forma magistral, uma excelente representação anatômica do crânio humano, mas alguém versado em anatomia humana perceberia facilmente erros anatômicos consideráveis e menores no entalhe. Os ossos zigomáticos (da bochecha), por exemplo, não são de forma alguma acurados. Alguns canalizadores rebatem essa argumentação dizendo que o "processo" de transmutação de um crânio humano em cristal "modifica" a estrutura anatômica. Qualquer pessoa pode brincar com as palavras e arriscar ginástica mental para tentar estabelecer uma ideia, mas de que serve se o resto de nós não "enxerga" a mesma coisa? Recentemente um canalizador me disse que Max, o crânio de cristal do Texas (sobre o qual realizei mais de cem horas de pesquisas), é também um crânio humano antigo que fora cristalizado. Quem afirmava isso era uma pessoa que nunca havia visto ou estado com Max. Qualquer um que passasse um tempo significativo com ele saberia que essa ideia é completamente sem sentido!

Toda a discussão anterior foi em apoio à afirmação de Nick Nocerino sobre tomar cuidado com qualquer um que diga que um crânio de cristal é antigo sem ter feito estudos e testes. Mesmo os crânios que foram testados podem produzir resultados variados e dar origem à divergência de opiniões. Além disso, opiniões e conclusões estabelecidas com relação aos crânios de cristal podem mudar com o tempo assim que novas informações são descobertas. Esse parece ser o caso, pelo menos para alguns de nós, do crânio de cristal Mitchell-Hedges. É o crânio sobre o qual mais se falou, e também o mais famoso e controverso. Anna Mitchell-Hedges, a filha adotiva de F.A. "Mike" Mitchell-Hedges, herdou o crânio quando seu pai morreu, em 1959. Até a segunda metade dos anos de 1960, ela nunca falara publicamente ou escrevera algo sobre o artefato. Em 1968, Anna Mitchell-Hedges assinou um documento para Frank Dorland, a quem prometera emprestar o crânio para estudos e apreciação, dizendo que havia encontrado o objeto em 1926 no sítio arqueológico de Lubaantun, nas Honduras britânicas, mas não disse exatamente quando (ver figura 3). Ela afirmou ter achado a parte de cima do crânio enterrada debaixo de um altar que estivera soterrado por um desabamento de pedras, e a mandíbula desencaixada foi encontrada em local próximo três meses depois. Segundo Anna, as testemunhas de sua descoberta foram seu pai, o dr. Thomas K. Gann, *lady* Richmond Brown e o capitão T.A. Joyce. Anna Mitchell-Hedges morreu em 2007, mas antes disso alterou essa história várias vezes.

Em sua autobiografia, *Danger My Ally*, Mitchell-Hedges dedicou apenas 13 linhas de texto ao que teria sido uma das maiores descobertas arqueológicas do século XX, e nunca revelou como obteve o crânio. A versão norte-americana de sua autobiografia incluía menção ao crânio de cristal na contracapa do livro, acompanhada de uma foto do artefato que não havia no original. No livro, Mitchell-Hedges refere-se ao crânio de cristal como o "Crânio do Apocalipse", nome que emprestou de uma tribo africana que nada tinha a ver com "seu" crânio de cristal. Recusou-se também a dizer com exatidão como havia adquirido o crânio, nunca fazendo menção de que sua filha o teria achado no sítio. Mesmo nos programas da BBC dos quais participou nos anos de 1940 e 1950, nunca falou sobre a filha ter achado o crânio, nem de haverem estado juntos em Lubaantun.

Quando ouvi a palestra de Anna Mitchell-Hedges com o crânio de cristal em 1988, a história havia mudado. Ela então contava que havia achado a parte superior do crânio parcialmente exposto entre escombros, e não foi preciso mover muitas pedras para tirar o artefato de lá – e tudo isso ocorreu exatamente no aniversário dela de 17 anos! Como se revelou mais tarde, ela nascera em 1º de janeiro de 1907, e disse ter achado o crânio em 1924. Até a data de sua morte, ela jurou que essa era a história verdadeira, mesmo tendo assinado o documento entregue a Dorland em 1968 confirmando a descoberta em 1926, e nunca mencionou seu aniversário!

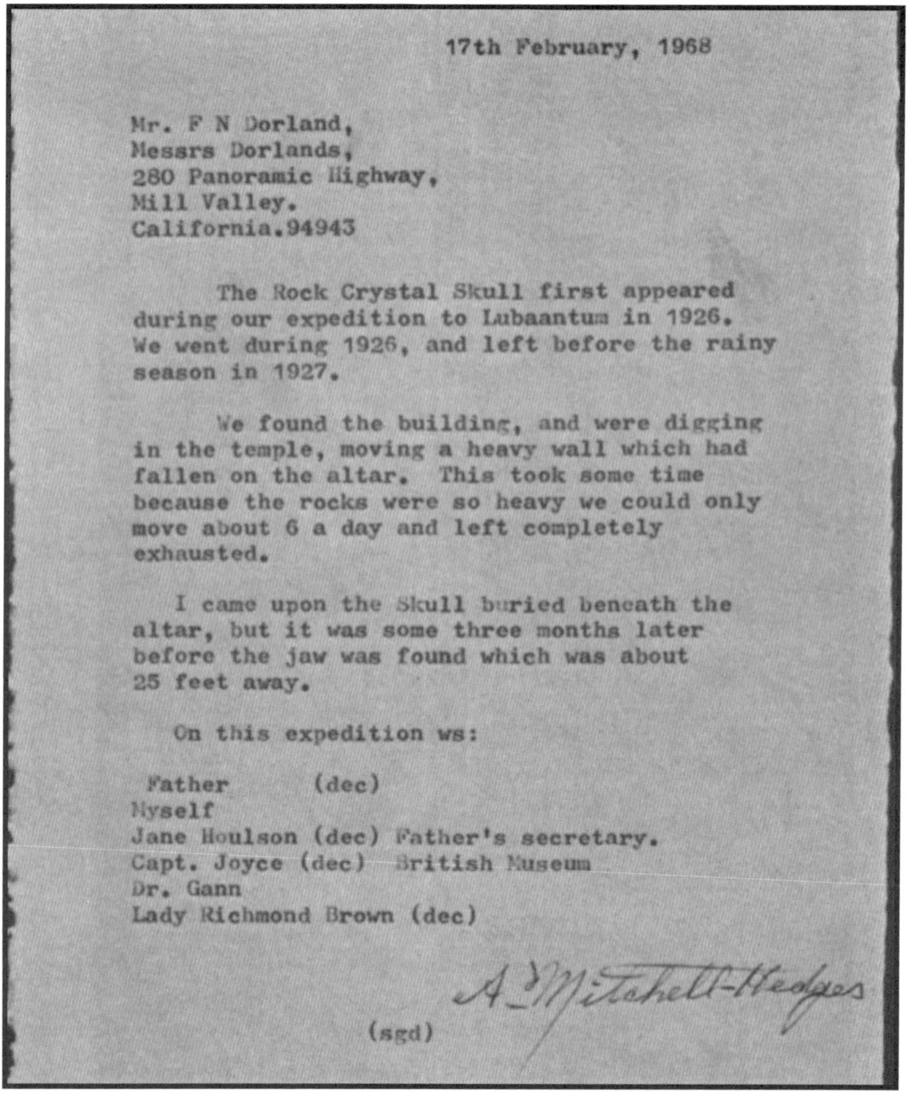

> 17th February, 1968
>
> Mr. F N Dorland,
> Messrs Dorlands,
> 280 Panoramic Highway,
> Mill Valley.
> California. 94943
>
> The Rock Crystal Skull first appeared during our expedition to Lubaantum in 1926. We went during 1926, and left before the rainy season in 1927.
>
> We found the building, and were digging in the temple, moving a heavy wall which had fallen on the altar. This took some time because the rocks were so heavy we could only move about 6 a day and left completely exhausted.
>
> I came upon the Skull buried beneath the altar, but it was some three months later before the jaw was found which was about 25 feet away.
>
> On this expedition ws:
>
> Father   (dec)
> Myself
> Jane Houlson (dec) Father's secretary.
> Capt. Joyce (dec) British Museum
> Dr. Gann
> Lady Richmond Brown (dec)
>
> (sgd) A. Mitchell-Hedges

Figura 3 – Documento assinado por Anna Mitchell-Hedges. 1968.

Uma rápida análise histórica revelou que sua segunda história, sobre ter feito a descoberta em 1924, era uma invenção completa. O sítio que Gann e Mitchell-Hedges mais tarde denominaram Lubaantun, "O lugar das pedras caídas" (não era um nome maia indígena do próprio lugar), foi examinado e localizado inicialmente pelo arqueólogo J. Eric Thompson e por Gann no início dos anos de 1920. Gann havia passados muitos anos nas Honduras britânicas e examinado vários sítios maias para o governo britânico. Mitchell-Hedges pode ter achado o sítio muitos anos antes, mas não estava lá com Gann em 1924. A Expedição Gann, como havia sido chamada (e não a Expedição Mitchell-Hedges), só começou a escavar de forma abrangente o sítio em 1925.

Entre todas as fotografias de Anna Mitchell-Hedges mostradas em suas apresentações em Scottsdale, Arizona, em 1988 – muitas das quais a mostram ao lado do pai na América Central nos anos de 1920 – não há sequer uma imagem dela em Lubaantun nem em qualquer outro lugar das Honduras britânicas, atualmente Belize. Não há fotos dos crânios de cristal no lugar em que foi supostamente encontrado – nem mesmo dela segurando o crânio ou junto com o artefato em uma mesma foto antes dos anos de 1960. Quando lhe perguntei sobre isso, em frente à plateia, ela respondeu que uma canoa virou-se quando voltavam do sítio e muitas fotos foram perdidas. Mas mostrou várias fotos de seu pai em Lubaantun, com todos os seus companheiros que haviam feito parte da expedição (o nome de Anna Mitchell-Hedges não aparecia em nenhuma lista ou registro da expedição). Convenientemente, as únicas fotos perdidas eram as que poderiam ter provado que ela estivera lá de 1926 a 1927 e que o cristal fora supostamente encontrado ali!

Como comentado anteriormente, a primeira referência histórica documental desse crânio de cristal fora o estudo de 1936 que incluía o crânio do Museu Britânico. Naquela época, era conhecido como "O Crânio de Cristal Burney", uma vez que pertencia ao negociante de artes Sydney Burney. O próprio Burney nunca revelou como obtivera o crânio e nunca mencionou Mitchell-Hedges em nenhuma publicação referente ao crânio. Apenas Anna Mitchell-Hedges dizia que Burney havia obtido o crânio de seu pai como caução de um empréstimo, ou que seu pai havia deixado o crânio com Burney "por razões de segurança" enquanto voltava para a América Central. Burney nunca confirmou nenhuma dessas afirmações, e Anna Mitchell-Hedges nunca apresentou qualquer documento que comprovasse a suposta transação. Burney pôs o crânio a leilão na Sotheby's, Londres, em 1943, a despeito do fato de que Mitchell-Hedges estava na cidade naquela época, e deveria ter tido o direito de readquirir o artefato – se realmente eram tão bons amigos! Burney retirou o crânio do leilão quando não ficou satisfeito com os lances oferecidos e, contrariamente ao que já se escreveu em outros lugares, Mike Mitchell-Hedges não fez um lance pelo crânio. Ele comprou o crânio de cristal de Burney por 400 libras esterlinas em 1944 – e só então o objeto torna-se o crânio de cristal Mitchell-Hedges. Não há documento ou registros de que o crânio tenha pertencido a Mitchell-Hedges antes dessa data ou quando o próprio Mitchell-Hedges faz menção ao crânio em sua autobiografia em 1954.

O dr. Thomas K. Gann, médico que havia organizado a expedição às Honduras britânicas em 1925 para o Museu Britânico (e não Mitchell-Hedges), era um honesto arqueólogo amador, e listou todas as coisas encontradas na expedição. Ele jamais mencionou a descoberta de um crânio de cristal, ou que Anna Mitchell-Hedges estivesse no sítio. *Lady* Richmond Brown, que financiou a expedição, e o capitão T.A. Joyce, que a liderou, escreveram livros sobre a viagem a Lubaantun muitos anos depois, e nenhum deles jamais fez menção a um crânio de cristal ou à presença de Anna Mitchell-Hedges no sítio ou como parte da equipe. Vários livros já foram escritos com explicações sobre essa omissão, mas nenhum deles faz qualquer sentido do ponto de vista arqueológico. Se o crânio de cristal foi encontrado no sítio de acordo com qualquer um dos relatos de Anna, então todos teriam ficado animados com a descoberta, e teriam tirado fotos e registrado o evento em seus relatos posteriores. Dizer que Mitchell-Hedges era espião britânico, como Sibley Morrill escreveu, ou que os outros não estivessem presentes naquela descoberta e que Mitchell-Hedges queria manter segredo sobre o crânio, são distorções absurdas no mundo real da Arqueologia. Ninguém apoiou a história dela e não se estabeleceu a proveniência da descoberta. A autobiografia confusa de Mitchell-Hedges continha várias afirmações suspeitas. Ele demonstrara uma esplêndida capacidade para o espetáculo ao anunciar o crânio de cristal como "O Crânio do Apocalipse" no final dos anos de 1940 e no livro. Como já observei, esse epíteto fora emprestado de uma tribo africana que nada tinha a ver com o crânio.

A própria Anna pode ter se envolvido em uma fraude deliberada que hoje já pode ser desvendada. Ela republicou a biografia do pai em 1995. Como previamente mencionado, a essa versão americana ela adicionara uma foto do crânio de cristal cuja legenda dizia que ela o havia encontrado em seu aniversário de 17 anos. O pai nunca afirmou tal coisa! Entre as páginas 96 e 97, outra foto foi acrescentada com a legenda afirmando que a garota na foto é Anna aos 11,5 anos acompanhada de um menino maia doente de lombriga. Também dizia que ela havia vivido entre os maias. A foto não estava no original britânico de 1954. Após exame mais detalhado, conclui-se que não há como a menina ser Anna Mitchell-Hedges. A foto foi apresentada como sendo sua no livro *The Skull Speaks* [O crânio fala], publicado em 1985 e que consiste em material canalizado por Carole Davis, amiga íntima de Anna. A foto aparece na página 61 de *The Skull Speaks* e sua legenda é a mesma da versão americana de *Danger My Ally*. Em 2002, Nick Nocerino mostrou-me exatamente a mesma fotografia no livro *Blue Blaze*, escrito por Jane Harvey Houlson (Bobbs-Merrill Company, 1934); a legenda diz ser um menino maia com lombriga, mas não mencionava nada sobre a garota na foto. Jane Houlson era secretária de Mike Mitchell-Hedges e o acompanhava em várias expedições às ilhas costeiras na baía das Honduras britânicas. Se a foto fora tirada anos antes – 1918, quando Anna tinha 11 anos –, Jane Houlson, como funcionária de Mitchell-Hedges, teria mencionado em 1934, quando Anna tinha 27 anos de idade, que a foto era de Anna. Esta estava no Canadá em 1918 e só foi adotada por Mitchell-Hedges alguns anos depois, quando ele estava em Nova York. Anna Mitchell-Hedges não pode de forma alguma ter vivido entre os maias antes da adoção. Pode-se dizer que essa tenha sido uma fraude documental perpetrada por Anna para criar a fantasia de que estivera em Lubaantun, de que teria vivido com os maias e encontrado o crânio nos anos de 1920. Isso, em conjunto com a duvidosa veracidade das declarações de Mitchell-Hedges e as múltiplas inconsistências e equívocos das várias versões apresentadas por Anna entre 1968 e 2007, lança sérias dúvidas sobre todos os aspectos da história "oficial" do crânio de cristal Mitchell-Hedges.

A foto e a legenda entre as páginas 144 e 145 do livro Blue Blaze, *de Jane Harvey Houlson, 1934 [na legenda se lê: "Abdome drasticamente inchado de criança com lombriga"].*

Quando Nick Nocerino estudou o crânio Mitchell-Hedges, em 1985, e apresentou suas conclusões em uma entrevista em 1986 (reproduzida mais tarde no livro de que foi coautor em 1988), ele sentiu que o artefato era antigo por causa da tremenda energia e da informação que fluíam dentro e à volta do cristal. Quando estive com o crânio em 1988, também percebi uma energia tremenda, vi várias cenas dentro do crânio e senti que era muito antigo. Nos anos de 1990 e início de 2000, Nick e eu mudamos de opinião. Comecei a ter minhas dúvidas por causa do próprio entalhe: era um trabalho artístico impressionante exercido de forma perfeita sobre um cristal de quartzo transparente de grau altamente ótico, aparentemente sem falhas no polimento. Nenhum dos outros crânios de cristal compartilhava dessas características. Mas tanto o estudo de 1936 feito pelo Museu Britânico quanto os testes iniciados por Frank Dorland em 1970 na Hewlett-Packard não haviam indicado evidências seja do uso de metais no entalhe, seja do uso de técnicas modernas de polimento – mas estariam corretos? Nem eu nem Nick Nocerino vimos os relatórios da Hewlett-Packard (eu com certeza gostaria de vê-los); temos apenas a palavra de Frank Dorland sobre os resultados dos exames. Anna recusou-se a deixar que o Museu Britânico testasse novamente o crânio em 1996, dizendo que o artefato já havia sido testado "o suficiente". Mas certamente, após 26 anos, o uso do microscópio eletrônico e de outras técnicas teria sido aperfeiçoado; então por que ela não permitiu que se testasse novamente o crânio, para confirmar sua antiguidade? Agora que o crânio de cristal Mitchell-Hedges é propriedade de alguém que quer promovê-lo, certamente poderia ser testado com equipamento de ponta – e conheço um ótimo laboratório para isso!

No sudoeste da Alemanha, no distrito de Birkenfeld, em Hunsrick, no Estado de Renânia-Palatinado, está a cidade de Idar-Oberstein. Idar e Oberstein eram antes cidades independentes que foram unidas em 1933. Hoje Idar-Oberstein é conhecida como um dos maiores centros de pedras preciosas em toda a Europa, e foi uma das lideranças mundiais do comércio de pedras preciosas e joias nos últimos 150 anos. Na verdade, nos anos de 1850 Obertein era líder mundial em quantidade de jazidas de ágata e jaspe e também de entalhes de cristal de quartzo. Com as incursões iniciais da

Prússia (Alemanha) no Brasil no começo do século XIX, abriu-se um novo mercado. Grandes quantidades de todas as variedades de cristal de quartzo eram achadas ali e em outras partes da América do Sul. Idar-Oberstein recebia um enorme fluxo desse material, que seria entalhado na forma de diversos objetos. Nick Nocerino visitou a cidade nos anos de 1990 e constatou que a qualidade do entalhe feito ali atualmente (e especialmente os entalhes feitos em meados do século XIX) era a mais fina que já vira – e comparável ao entalhe do crânio de cristal Mitchell-Hedges.

Nick Nocerino também viajou para Belize em 1995 e visitou Lubaantun (ver figura 4). Foi uma viagem interessante, mas Nick relatou não ter encontrado qualquer informação junto à população local de que o crânio de cristal fora encontrado ali em 1920, ou de que Anna houvesse estado lá. Por volta de 1999, Nick havia chegado à conclusão de que o crânio Mitchell-Hedges era de idade intermediária, mas não antigo – e que fora produzido em Idar-Oberstein, Alemanha, entre os anos de 1850 e 1960, e levado para a América Central por aventureiros alemães. Em seguida, acabou indo parar nas mãos dos maias. Nick detalhou suas conclusões para mim em 2001 – que o cristal de quartzo utilizado viera de um veio de cristal de quartzo antigo e puro, com tremenda quantidade de energia inata. O crânio foi entalhado na Alemanha e mais tarde levado à América Central, onde os maias de alguma forma o obtiveram e utilizaram em rituais em conjunto com crânios de cristal genuinamente antigos, como Max, Sha-Na-Ra e o crânio de cristal de quartzo rosa. Nick sentiu que esses crânios mais antigos haviam transferido informações e cenas da antiguidade para o crânio "Hedges".

Essa história pode parecer tão fantástica quanto a própria narrativa de Anna Mitchell-Hedges, mas era no que Nick acreditava. Sabemos que crânios de cristal antigos podem agir como um sistema de computador que pode transferir dados para qualquer outro cristal "virgem", como controles remotos ou laptops. Isso explicaria por que inicialmente Nick, eu e muitos outros podíamos enxergar aquelas cenas antigas no crânio – talvez não fosse informação original, testemunhada pelo próprio crânio, e sim incorporada ao crânio de cristal por outras fontes mais antigas. Nick acreditou nisso até morrer, e minha experiência me diz para nunca descartar uma hipótese dele sem considerá-la bem. Não podemos "provar" que esse seja o caso, mas sabemos que é possível. Cheguei a discordar de Nick quanto à conclusão em 1999, quando ele me sugeriu pela primeira vez que o crânio Mitchell-Hedges poderia ter sido feito em Idar-Oberstein em meados do século XIX. Argumentei que não havia evidências indicando que crânios de cristal houvessem sido entalhados ali. Mas ele não deu o braço a torcer, e estava mais convencido ainda de sua opinião quando debatemos mais uma vez em 2001 e 2002 (ver figura 5).

Figura 4 – Nick Nocerino. Lubaantun, Belize. 1995.

O cerne do problema é que quase todos os crânios de cristal discutidos neste livro não são de proveniência documentada ou acurada. Nossas fontes nos disseram que o crânio de cristal maia foi encontrado em uma tumba na Guatemala, perto de Honduras, em 1912 pela família Montano, mas não há provas disso. Segundo as mesmas fontes, o crânio de cristal ametista foi encontrado em uma tumba perto da área de Oaxaca, no México, no início do século XX, e afirmou-se que foi utilizado como peso de papel na escrivaninha do ditador mexicano Porfírio Diaz, em 1910. Já foi dito até que existe um retrato de Diaz com o crânio, mas este, assim como qualquer outra evidência, nunca foi encontrado. Max, o crânio de cristal do Texas, foi supostamente encontrado em uma tumba na Guatemala em 1924, mas não há provas disso. O mesmo acontece com outros crânios de cristal, exceto Sha-Na-Ra, o Crânio de Cristal Nocerino, encontrado em escavação no México em 1995, mas, em razão de legalidades, evidências detalhadas dessa descoberta também nunca foram mostradas.

É possível que todo o material que já foi produzido sobre a proveniência e as histórias "reais" dos crânios de cristal seja de fato irrelevante. O fato

Figura 5 – Stephen Mehler e Nick Nocerino. Sedona, Arizona. Foto de Theresa L. Crater. 2001.

é que crânios de cristal são um fenômeno verdadeiro e atual que a ciência acadêmica é incapaz de compreender plenamente. Todos os que trabalham com crânios de cristal admitem que tais artefatos são meios poderosos com os quais se pode interagir. Eles também podem alterar a consciência, e esses efeitos são bastante reais para aqueles que os experimentam.

Quanto a informações atualizadas sobre os crânios: o crânio de cristal maia foi dado a um advogado em Brownsville, Texas, em 1980, como caução de um empréstimo. O empréstimo não foi pago, e os maias perderam a posse do crânio. Em minha última conversa com Nick Nocerino em 2002, ele disse que havia "perdido a pista" desse crânio e acreditava que fora levado de volta ao México. Até hoje não sabemos onde está. O crânio de cristal ametista também foi dado como caução para uma galeria de arte em San Jose, Califórnia, e está em mãos de particulares. Afirma-se que está à venda por um preço exorbitante, e portanto não há muitas ofertas para comprá-lo. Desde 1980 não é posto em exibição nem à disposição de grupos de pessoas que queiram interagir com ele. Max viaja com JoAnn Parks todos os anos, e é o mais disponível e acessível dos crânios de cristal antigos. Sha-Na-Ra ainda pertence à família Nocerino e também tem estado acessível nos últimos anos para pessoas que queiram ter a experiência de estar perto dele. Há também muitos crânios contemporâneos, ou mesmo de idade intermediária, que ficaram acessíveis ao público, embora alguns possam questionar os valores e ética das pessoas que cobram ingresso em troca de uma visita a um crânio contemporâneo.

Conclusões

Se, como afirmou Nick Nocerino, todo cristal é antigo e capaz de forte interação com a consciência humana, podendo ocasionar curas e outras mudanças positivas – e todos os cristais podem receber informação e energia de crânios de cristal antigos –, então para que se preocupar com "crânios de cristal genuinamente antigos"? Para Nick e eu era importante estabelecer um sistema científico e metafísico para identificar e testar crânios de cristal e, de alguma forma, determinar se são realmente artefatos antigos – o que é certamente importante para mim como arqueólogo e estudioso da Pré-história. Nossa intenção também era a de não depender de pseudopesquisadores ou canalizadores prontos para determinar de forma irresponsável, egoísta ou completamente desonesta a autenticidade e o *status* daquilo que é "antigo". Nick Nocerino preocupava-se com a evidente desonestidade de alguns dos autodenominados "canais" e "especialistas em crânios de cristal". O veredicto final nessa área é sempre dado pelo nível e grau de discernimento de cada pessoa. As únicas conclusões verdadeiras são as de que crânios de cristal são reais, e não entalhes modernos "de mentirinha". Estão aqui para interagir, afetar e melhorar a consciência humana.

Antes de morrer em 1959, o próprio Mitchell-Hedges disse isto, supostamente passado por descendentes locais dos maias:

Quando ele chamava a morte com a ajuda do crânio, a morte invariavelmente acontecia. Foi descrito como a personificação de todo o Mal.

Tem no mínimo 3,6 mil anos de idade, e de acordo com a lenda, era usado pelo alto sacerdote quando realizava ritos esotéricos.

Se for verdade, então o crânio veio de uma cidade abandonada há mais de mil anos, e "3,6 mil anos de idade" torna o crânio mil anos mais velho do que qualquer maia, que dirá a alta civilização de 700 a 900 d.C.

Além disso, com sua construção sem argamassa e completa ausência de estátuas, estelas e hieróglifos característicos, Lubaantum é diferente de qualquer outro sítio maia já conhecido.

Na verdade, o autor-explorador David Hatcher Childress afirma que Lubaantum pode não ser maia, e sim algo muito mais antigo.

O mais surpreendente é que, após estudar o crânio M-H por seis anos, o cristalógrafo da Hewlett-Packard, Frank Dorland, concluiu:

Ele pode ter 12 mil anos de idade.

Suas outras descobertas são ainda mais surpreendentes.

Quando Dorland levou o crânio para casa, ele descobriu que ele "produzia sons" – "sinos de prata em alta frequência," cantos e "coros a cappella", sons de "gatos selvagens à espreita"...

... todos claramente ouvidos (por outras pessoas também), ainda que impossíveis de serem gravados.

Dorland também diz que o crânio fornece "visões" para muitas pessoas: "Eu mesmo fiquei meio abalado, pois vi algo comprido como um caixão, com uns 12 crânios dentro dele."

Conclusões

"*Muro*" *estranho encontrado em floresta perto de Taupo*

Ops... é de verdade e há inscrições chinesas nele, o que quer dizer que eles chegaram aqui primeiro...

Desenho de A.P. Mandslay

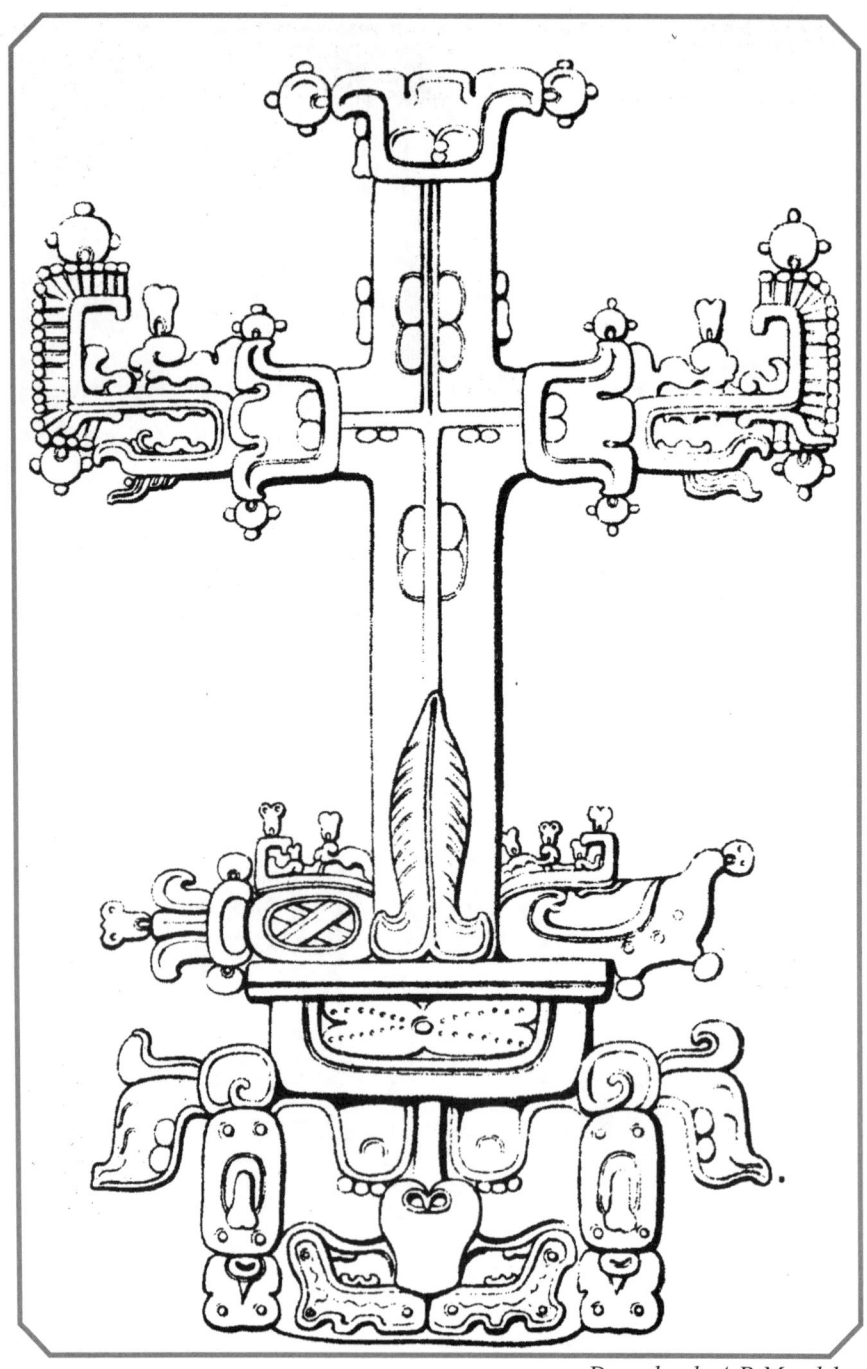

Desenho de A.P. Mandslay

Bibliografia

ARGUELLES, Jose. *Surfers of the Zuvuya*. Santa Fe, NM, USA: Bear&Co.,1989.

ARGUELLES, Jose. *The Mayan Factor.* Santa Fe: Bear & Co., 1987.

BAER, Randall & Vicki. *Windows of Light: Quartz Crystal and Self-Transformation.* San Francisco, USA: Harper & Row Publishers,1984.

BERLITZ, Charles. *Mysteries of the Forgotten Worlds*. New York: Doubleday, 1972.

BERNAL, Ignacio. *A History of Mexican Archaeology*. London: Thames & Hudson Ltd., 1980.

BERNAL, Ignacio. *The Olmec World*. Berkeley, USA: University of California Press, 1969.

BOLLMAN, W. *Crystal Deffects and Crystalline Interfaces*. New York: Springer-Verlag, 1970.

BOWEN, Sandra, NOCERINO, F.R. "Nick" & SHAPIRO, Joshuah. *Mysteries of the Crystal Skulls Revealed*. Pacifica, California, USA: J&S Aquarian Networking,1988.

BROWN, Lady Richmond. *Unknown Tribes, Uncharted Seas*. London: Duckworth and Company, 1924.

BRYANT, Alice & GALDE, Phyllis. *The Message of The Crystal Skull.* St. Paul, Minnesotta, USA: Llewellyn Publications, 1988.

BURGESS, Robert F. *Man: 12,000 Years Under the Sea*. New York: Dodd, Mead & Company,1980.

BURKA, Christa Faye. *Clearing Crystal Consciousness.* Albuquerque, NM, USA: Brotherhood of Life Inc., 1985.

CHILDRESS, David Hatcher. *Lost Cities and Ancient Mysteries of South America*. Kempton, Illinois, USA: AUP, 1987.

_____. *Lost Cities of North and Central America*. Kempton, Illinois, USA: Adventures Unlimited Press, 1994.

_____. *The Mystery of the Olmecs*. Kempton, Illinois, USA: Adventures Unlimited Press, 2007.

CLOW, Barbara Hand. *The Mayan Code*. Rochester, VT, USA: Bear & Co., 2007.

CORLISS, William. *Ancient Man: A Handbook of Puzzling Artifacts*. Glan Arm, MD, USA: The Sourcebook Project, 1978.

CRACKNELL, Arthur P. *Crystals and their Structures*. New York: Pergamon Press, 1969.

CRAWFORD, James H. & SLIFKIN, Lawrence M. *Point Defect in Solids*. New York: Plenum Press, 1972.

DIEL, Richard A. *The Olmecs: America's First Civilization*. New York: Thames & Hudson, 2004.

DONNELLY, John and Katherine. *The Secret of The Crystal Skull*. Lincoln, New England, USA: iUniverse, 2001.

DORLAND, Frank. *Holy Ice: Bridge to the Subconscious*. St. Paul, Minnesotta, USA: Galde Press Inc., 1992.

EDWARDS, Frank. *Strange World*. New York: Bantam Books, 1964.

_____. *Stranger than Science*. New York: Bantam Books, 1959.

ETTEN, Jaap Van. *Crystal Skulls: Interacting With a Phenomenon*. Sedona, Arizona, USA: Light Technology Publishing, 2007.

GALDE, Phyllis. *Crystal Healing: The Next Step*. St. Paul, Minnesotta, USA: Llewellyn Publications, 1988.

GANN, Thomas. *Mystery Cities*. London: Duckworth, 1925. Reimpresso em 1994 como *Mystery Cities of the Maya,* AUP, Kempton, Illinois, USA.

GARVIN, Richard. *The Crystal Skull*. New York: Doubleday, 1973.

GILBERT, Adrian G. & COTTERELL Maurice M. *The Mayan Prophecies*. Rockport, Massachusetts, USA: Element Books, 1998.

HADLEY-JAMES, Brian. *The Skull Speaks*. Toronto, Canada: Amhrea Publishing, 1985.

HAGEN, Victor Von. *The Aztec: Man and Tribe*. New York: New American Library, 1958.

HINKLEY, Charles & NILES, Naomi. *Journey of the Crystals: One Mind Consciousness*. Sedona, Arizona, USA: Ascension Publishing Company, 1988.

HONORÉ, Pierre. *The Search for Quetzalcoatl*. London: Hutchinson & Co., 1963. (Reimpresso em 2007 pela AUP, Kempton, Illinois, USA).

HOULSON, Jane Harvey. *Blue Blaze*. London: Duckworth and Company, 1934.

JENKINS, John Major. *Maya Cosmogenesis 2012*. Santa Fe, NM, USA: Bear & Co.,1998.

KOLOSIMO, Peter. *Timeless Earth*. New Jersey, USA: University Press Seacaucus, 1974.

LEÓN-PORTILLA, Miguel. *Time & Reality in the Thought of the Maya*. Norman, Oklahoma, USA: University of Oklahoma Press,1988.

LePLONGEON, Augustus. *Queen Moo and the Egyptian Sphinx*. London & New York: Kegan Paul (agente), 1900.

_____. *Sacred Mysteries Among the Mayas and the Quiches*. London & New York:1886, Kegan Paul (agente).

LORUSSO, Julie & GLICK, Joel. *Healing Stoned: The Therapeutic Use of Gems & Minerals*. Albuquerque, NM, USA: Brotherhood of Life Inc., 1976.

_____. "Nick Nocerino and the Crystal Skulls", in *World Explorer Magazine*, Vol. 3, N° 6, pp. 37-40, Kempton, Illinois, USA.

MEHLER, Stephen S. *From Light Into Darkness: The Evolution of Religion in Ancient Egypt*. Kempton, Illinois, USA: Adventures Unlimited Press, 2005.

_____. *The Land of Osiris*. Kempton, Illinois, USA: Adventures Unlimited Press, 2001.

MELODY. Love is the Earth: A Kaleidoscope of Crystals. Wheatridge, Colorado, USA: Earth-Love Publishing House, 1991.

MEN, Hunbatz. *Secrets of Mayan Science/Religion*. Santa Fe, NM, USA: Bear & Co.,1990.

MILEWSKY, John Vincent & HARFORD, Virginia. *The Crystal Sourcebook: From Science to Metaphysics*. Santa Fe, NM, USA: Mystic Crystal Publications,1987.

MITCHELL-HEDGES, F. A. *Battles with Giant Fish*. London: Duckworth and Company, 1923.

_____. *Battling With Monsters of the Sea*. London: Duckworth and Company, 1929.

_____. *Danger My Ally*. London: Elek Books, 1954.

_____. *Land of Fear and Wonder*. London: The Century Company, 1931.

_____. *Pancho Villa's Prisoner*. London: Elek Books, 1947.

_____. *The White Tiger*. London: The Century Company, 1931.

MORLEY, Sylvanus. *The Ancient Maya*. Palo Alto, California, USA: Stanford University Press, 1946.

MORRILL, Sibley S. *Ambrose Bierce, F.A. Mitchell-Hedges and the Crystal Skull*. San Francisco, USA: Cadleon Press, 1972.

MORTON, Chris & THOMAS, Ceri. *The Mystery of the Crystal Skulls.* Santa Fe, NM, USA: Bear & Co., 1998.

NATIONAL GEOGRAPHIC Society. *Mysteries of the Ancient World.* Washington D.C., USA, 1979.

O'BRIEN, Christopher. *Secrets of the Mysterious Valley.* Kempton, Illinois, USA: AUP, 2007.

SANDERSON, Ivan T. *"Things" and More "Things".* New York: Pyramid Books, 1968. Reimpresso em 2007 pela Adventures Unlimited Press.

SCHELE, Linda & FREIDEL, David. *A Forest of Kings: The Untold Story of the Ancient Maya.* New York: William Morrow & Company Inc., 1990.

SÉJOURNÉ, Laurette. *Burning Water: Thought and Religion in Ancient Mexico.* London: Thames & Hudson, 1957.

SMITH, Michael G. *Crystal Power.* St. Paul, Minnesotta, USA: Llewellyn Publications, 1986.

STEIGER, Brad. *Mysteries of Time & Space.* Englewood Cliffs, New Jersey, USA: Prentice Hall, 1974.

STUART, George E. & STUART Gene S. *The Mysterious Maya.* Washington D.C., USA: National Geographic Society, 1977.

TOMPKINS, Peter. *Mysteries of the Mexican Pyramids.* New York: Harper & Row, 1976.

WALKER, DaEl. *The Crystal Book.* Sunol, California, USA: Crystal Company, 1985.

WELFARE, Simon & FAIRLEY, John. *Arthur C. Clarke's Mysterious World.* New York: A&W Publishers Inc., 1980.

WILKINS, Harold. *Mysteries of the Ancient South America.* 1946. Reimpresso pela AUP, Kepmton, Illinois, USA.

WILKINS, Harold. *Secret Cities of Old South America.* Reimpresso pela AUP, Kempton, Illinois, USA em 1952.

YAXKIN, Aluna Joy. *Maya-Pleidian Cosmology.* Mt. Shasta, California, USA: Hauk'in Center of Solar Initiation, 1995.

ZAPP, Ivar & ERICKSON, George. *Atlantis in America.* Kempton, Illinois, USA: AUP, 1998.